文庫

買えない味

平松洋子

筑摩書房

もくじ

朝のお膳立て

買えない味

キレる力を！

写真　日置武晴
アートディレクション　有山達也
デザイン　中島美佳（アリヤマデザインストア）

買えない味

朝のお膳立て

箸置き

「戻る場所」をつくる

昔ながらの日めくり暦を使い始めて、もう十年が経つ。一年三百六十五日毎日毎日、暦をめくっては破り、破ってはめくる。本日は一月十二日月曜日初寅、九紫・友引。格言に曰く「感謝を知る人は幸福である」。

くるりめくれば、ひらり巡り来る新しい一日。朝一番に暦を繰るそのたび、変哲もないいつもの日常のひとこまなのに、なにやら胸の内に晴々とした明るさが滲んで広がるのである。

ああ、いっしょだなこの感じ。日に数度、おなじような瞬間がある。

箸置きを置くときです。

ぱちん。

乾いた潔い音を立てて、箸置きの位置を定める。そういや囲碁に似てますな。箸置きひとつ位置が決まれば、いきおい箸の居場所もきちんと決まり、めでたくも本日のお膳の用意が整うのである。

なにはなくとも、まずは箸置き。そこへぴしり、横一文字に箸一膳。これが私のお膳立ての第一歩なのである。

ただし、箸置きというものは、たんなる儀式道具ではありません。はたまたお膳の彩りや、お行儀よさげなパフォーマンスでもない。

じつは箸置きがだいじに守っております働きは、無事に箸が戻って帰りつく、その場所なのである。

「戻る場所」

ああそのかけがえのなさは、誰しも身に染みてわかること。身すぎ世すぎ、どんなに世間でつらい思いを重ねても、自分には「戻る場所」(この際「家庭」でも「愛人の懐」でも、事情とお好み次第)が待っていてくれると思えば、歯を食いしばって耐えられる。長旅を続ける渡り鳥がどこまでも飛んでゆけるのも、寅さんが気ままにぷらり行方知れずになれるのも、自分には「戻る場所」がひとつはあると知っているからなのだ。

いやはや壮大な話になってまいりました。けれども、箸だって同じこと。「いつでもここへ帰っていらっしゃい」。両手を広げて待ち受けていてくれる箸置きあらばこそ、箸は自在にお膳の上を行き交うことができる。

箸置きさえ、つまり「戻る場所」さえ揺るぎなく確保されていれば、皿に寄っ掛かったり立て掛けたり椀に渡したり突っ込んだり、汁や飯つぶをくっつけたままあっちこっちで箸がだらしなく路頭に迷わずにすむのだもの。さらにはときおりほっとひと休み、指から離れて箸置きに身を預け、箸はひとときの安息を持つことができるのだった。

そんなわけだから、なにも大げさなものでなくていいんですよ箸置きはね。この私の箸置き第一号は、そもそも丹沢の渓流沿いでつまみ上げた石ころ。第二号はといえば、タイ・プーケットの海岸で拾い集めた白い珊瑚のかけら。

ああそうなのか。今さらながらに理解する。「箸置きはお膳の飾りものなんかじゃない、箸が『戻る場所』なのだ」。私が拾いものにこだわったのは、よけいなものを一切剝ぎ取ってその機能に納得してみたかった、つまりそんな心持ちだったのかもしれない。

――こんなふうにして、「なくても困りはしないが、あれば便利」な中途半端さに甘んじかけていた小さな道具は、テーブルの上でぱちり、音を鳴らして確かな居場所を得ることになった。

ところで、箸置きは洗うときがまた爽快である。水道の水の勢いを受けながら、掌《てのひら》のなかにまとめて握りこんでじゃばじゃば景気よく洗う。からから。ころころ。気持ちよさげに軽やかな音を立てる様子は、さながら仕事を終えたあとのひとっ風呂の風情。目立ちもしないちっちゃな奴だが、今日も今日とてお膳の上で成した仕事は、どっこいなかなかたいしたものである。

ここではっと膝をひと叩き、さきの暦の格言が蘇る。一月十二日、本日は確か……。
なるほどそうか、いやあらためて箸置きにありがとう、ありがとう。

白いうつわ

磁器か、陶器か

白けりゃいいってものではありません。ひとくちに「白」と言ってみても、あまりにいろんな白があるから、ひとつひとつはまるきり違う。それを十把一絡げに「白いうつわ」と呼んだりしてしまえば、白も泣こうというものでしょう。

さきしまのこいしの白をたか浪のたうしの濱に打ち寄せてける（『山家集』岩波文庫）

潮に磨かれた小石の柔らかな白が、浜辺に佇むひとの目をなごませる。

象牙色の枠の中には、レジョン・ドヌウル（芸術家の勲章）をつけたプルウストが、入っている。（森茉莉『贅沢貧乏』講談社文芸文庫）

森茉莉の眼には、はたして象牙色はどんな白に映っていただろうか。白という色がことのほか鮮やかに視覚を捉えるのは、完全な白などどこにも存在しないから。雪の白。乳の白。燃え尽きた灰の白。真珠の白。クリームの白。繭《まゆ》の白。木綿の白。朝靄《あさもや》の白。豆腐の白。石膏の白。それぞれの白が、それぞれの美しさを静かに湛えている。

うつわもおなじことだ。「白いうつわ」というものがあるわけではない。ひとつひとつのうつわに、ひとつひとつの白がある。見るべきは、そこをこそ。

ただし、ごくおおまかに白を分けるなら境界線が一本、ある。

磁器か、陶器か。

つるんと光沢のあるすべらかな肌触りを持つ磁器は陶石を主原料にした素地で、透明または半透明の白。くもりのないまっすぐ清潔な輝きが視覚を捉える。一方、陶器の白は吸水性のある素地に白い化粧土をほどこしてつくられる。そこへ透明釉をかけたものを粉引と呼び、陰翳に富んだふくよかな白はとりわけ目に優しい。

さて、あなたはどちらを好みますか。

そう問うこの私は、どちらか選びなさいと言われれば、とたんに頭を抱える。だってほら、磁器それぞれ蒼い月光のような、砕ける波飛沫《しぶき》のような。粉引だって、すべて表情は違う。

しかし、扱い方となれば話はべつだ。磁器であれば、なんの気がねもいらない。醤油でもオリーブオイルでも、硬質な磁器の肌がきっぱりはじく。ところが、粉引はそうはいかない。醤油を注《つ》げば醤油の色が、オリーブオイルをたらせば脂肪分が、土質の肌にするりと染み入る。自在に吸収してしまうのだ。

これは困った。そう思いますか。私もそう思いこんでいました、ほんの数年前までは。だって「ああなんて美しいの」と見惚れた白が、断りもなく変貌を遂げてゆくのだからね。「うつわが勝手に別のものになっていっちゃう」

あせりました。使う前に水に浸したり、葉っぱや竹を敷いたり、いやはやそりゃあ気を遣ったものだ。しかし、あるときふいに啓示はやってきた。

「うつわにこうも翻弄されるってのは、お門違いじゃあなかろうか」

やめた。もうやめた。白に気がねしいしい遠慮を重ねていても、本当にはなかよくなんかなれない。そうして私は一番使い勝手のよい粉引の鉢を手に「えいやっ」とばかり、オリーブオイルがたっぷり染みこんだ青菜のソテーを盛ったのだった。

さて、半年後。その粉引の鉢を前に、私は感嘆することになった。塩やオイルや醤油や酢をさまざまに吸収した白い肌は、以前には見られなかった複雑な表情を携えて育ち、その風景にはなにより歳月の重みが備わっていた。

日々の暮らしから生み出された白。どこにもないたったひとつの白——こんな美しい白に出合う芽を、私はみすみす自分で摘みかけていたのだ。

ただし、秘策もひねり出した。この粉引の白はそのままに保ちたいな。そう思えば、使い始めにしばらくヨーグルトを入れるのである。すると、脂肪分がじつにほどよく染みこんでコーティングの役目を引き受け、変化の速度にほどよくブレーキをかけてくれることを発見した。

とまあそんなわけで、白いうつわとのつきあいは日々いっそう深まるばかり。

取り皿

大きめをバシッと一枚

がらんとした昼下がりの銀行で、まっすぐ窓口へ進んだらぴしゃりと却下された。

「まず番号札、取ってください」

え。ほかに誰もいないのに？　抵抗を試みたけれど、窓口のお姉さんの頑固さに玉砕した。

しかし、人間は慣れる動物なり。こうして番号札にもしだいに従順になっていくのだな。そういえば街頭で携帯電話をぐいっと突き出して写真を撮る姿もいつのまにか見慣れた。たとえば取り皿にだって。

いつからだろう、取り皿を当たりまえに食卓にのせるようになったのは。

子どものころは取り皿なんて使ったことがなかった。お膳には自分のごはんと味噌汁があり、焼き魚をのせた皿があり、煮物を盛った小鉢があった。家族がそれぞれに箸をのばすのは、漬け物を盛った鉢くらいのもので。

おかずは自分の前によそってあるものを食べる。つまり、あらかじめ盛り分けてあるぶんをいただく。お代わりしたければ、お母さんにお願いする――昭和三十年代までは、どこの家でもたいていそういう食卓ではなかったか。

「いやいや、ところが」

茶飲み話の途中でキノシタさん電力会社の営業部長四十九歳が勢いこんだ。

「実家は古い日本家屋でね、しかも明治生まれのじいさんばあさんと同居していたものだから、ずっと箱膳で食事してたのよ。四十年代に入ってもしばらく」

へえ、そんなひとに初めて会った。ひとりひとり正座して箱膳でごはんをね。まるで時代劇みたいだ。取り皿の出番なんか、もちろんあるはずもない。

取り皿を使うようになったのは、おかずをひとつのうつわに盛るようになってからだ。酢豚も牛肉とピーマンの炒めものも、できたてをひと皿盛りにしたほうが見ばえのよい料理がたいそう増えた。ニッポンのおかずが変わって、うつわの使い方も大きく変わった。お母さんだって家事に仕事にくるくる忙しくなっちゃって、洗う皿の数が減らなければ、台所仕事の手間も減ってくれないのだった。

ただし、取り皿を上手に使うのは、これが意外になかなか難しい。

あてがわれたおかずなら、多いだの少ないだの文句のひとつも気軽に言える。ところが、鉢や大皿から自分で取り分けたぶんには、ほら、シビアな責任が生じるじゃありませんか。なにしろ限られた貴重な空間だ、そこを自分で采配する必要がある。

「だからオレ、面倒臭くて苦手なんだよ取り皿ってのは」

箱膳育ちがエラそうに吠えている。殿の主張は、概《おおむ》ねこうである。

取り皿というものは、一見ラフな存在に見えて、さにあらず。あせってたくさん取り過ぎては、限られた面積が混み合う。おかずの味も混ざってしまう。おまけにここが肝心だ、ひとさまの分量配分と自分のペースを見越したうえで箸を動かさなくてはならない——。

「お、肉が残ってる、だからって遠慮なくさらっちゃうと『空気の読めない奴』とか言われちゃうんだ」

アタマ疲れるんだよ。ようやく慣れた取り皿に翻弄されて、殿は歯嚙みする。

あのね、とりあえず、ブッフェのときの作法といっしょでいいの。取り分ける量は少なめに。必要ならば何度でも。そうすれば皿の上とも、自分のおなかとも、周辺状況とも細かく相談ができる。

ここで私はささやく。ねえ殿、取り皿はバシッと一枚、ちょっと大きめになさい。自分の領分を広めに確保すればおかずも混ざらず、見た目も麗しい。お膳の上に取り皿がこまごま散らかるのも、すんなり回避できるから。

ところで、ふだん大皿盛りなのに、取り皿を使わない食卓がある。韓国や中国を始めアジアの国々である。取り皿は自分のごはんの上。おかずの汁のしみたごはん、おかずの混ざったごはんのおいしさはまた格別というわけなのだ。

そうだったか、取り皿は、ごはんの白さを死守する道具でもあったとは。

豆皿

卓上に小さな宇宙を

ついさっき買ったばかりの豆腐をぶら下げた指先が、夕暮れどきの木枯らしになぶられてちりりと冷たい。寒さを追っ払うように、豆腐の重みで勢いつけて包みをぶらんぶらん。

今夜の夕餉《ゆうげ》は湯豆腐です。けれど、いつものとは趣が違う。静かに火を通した豆腐を少しずつ箸で崩しては、塩をつける。醤油に浸す。七味をくっつけてみる。今夜は家族みな帰りが遅いので、一丁の豆腐と戯れるつもりなのだった。

ふわあとあったかい豆腐の前に、塩と醤油と七味を入れた豆皿がみっつ、ぽんぽんぽん、楽しげに並んでいる。

「その赤絵、ほんまにかわいいでしょ」

塩を入れたのは、京都の骨董屋で棚の奥から掘り出した江戸後期のめっけもんだ。ええほんとうに。筆先の勢いが目に浮かぶようです。かわいらしねえ、と店の主人がきゅっきゅっと布で拭き上げたら、赤の美しさにどきっとするほど磨きがかかった。

醤油を注いだこっちの花柄は早春の北京の路上で、七味をのっけた白磁は銀座のデパートで偶然見つけたものだ。そうだ、あのとき、はっと気づいたら掌《てのひら》の上でなでていたっけ。

豆皿は何年たっても、出くわした最初の瞬間がくっきり蘇る。そのときの胸の高鳴りも連れだっていっしょにやってくる。いいなあ。かわいいなあ。こんな豆皿もあったんだなあ。おもしろいなあ。ひとひらのような一枚を握ってためつすがめつ、店先でうっとりあぶない目をしている自分がいる。

けれども。出合いがしらに気分はうきうき弾むが、その一方、ねっとり粘るような執着にも豆皿は火をつけてくれるから、ややこしい。「ちいちゃくて愛らしいこやつを、ああ今すぐ自分だけのものにしたい！」。いったん手中にしてしまえば、もう次を探している。腹のなかで身勝手な欲望を渦巻かせ、豆皿探しはとめどない。

もううつわは十分、と宣言しつつ豆皿にだけは手を伸ばすことを自分に許しているひとがいる。そんなに持ってどうする、と呆れ果てるほど豆皿集めに励むひとだって知っている。私はといえば、ほうぼうで出逢っては惚れた豆皿たちを飽きもせず細々と買い足し続けてきた。一枚ずつ、どれもが愛と執着の真綿でぬくぬくとくるまれている。

それは、世界で一番小さなこのうつわがそれぞれの宇宙を持っているからに違いない。

丸。扇面。葉っぱ。貝。鳥。野菜。花びら。輪花《りんか》。蝶。菱形に角形、六角、小判、折紙……さまざまな「かたちの妙」は、あたかも日本の暮らしから湧《わ》き出づる祈りのかたちにも似て、だからこそいつまでもこころを引きつけて離さない。

おにぎりに添える塩昆布。炊きたてのごはんに佃煮。お鮨に醤油。豆皿は、じつに有能なおともを務める。かと思えば、ほんの少しだけ残った昨晩の和えもの。ひとかけらのチーズ。ちょこんと豆皿に盛ればアラ不思議、とたんにしゃきっと襟を正した風情に変わる。

かと思えば、ゆるやかに過ごしたいひとときにも豆皿は絶好の相棒だ。のんびりほどける週末の酒の膳にはわざわざ豆皿を何枚も取り合わせ、酒肴を揃えてみる。この染付には、とっておきの雲丹《うに》が映えるだろうな。塩辛はどれにしよう。はたまた昼下がりのお茶ならば、あられでもチョコレートでも。

つまりは、豆皿を取り出すほんのひと手間を惜しまぬだけで、なんでもない日常の時間にひとくぎり。取るに足らないちまちま些細な存在に見えながら、どっこい空間を見事に仕切り直してみせる。だから、ただあたためただけの豆腐一丁の夕餉も、何枚かの豆皿のおかげで思いもかけず楽しげな時間に生まれ変わるのだ。

「おーい、豆皿もう一枚」

そんな声がかかったとしても、かからなくても。こと豆皿ならば、私はいそいそ椅子から立ち上がる。

大皿

お祭り気分の立役者

♪大きいことは　いいことだ　ソレ！
おいしいことは　いいことだ　ソレ！
　森永エールチョコレート！

迫力満点のあのCMソングはいまでも唄える。あれは確か一九六七年、私は小学生でした。バルーンから身を乗り出してタクトを振り回す髭《ひげ》のナオズミセンセイだって、インパクトがありすぎた。

大きいことはいいことだ。そうか、そうだったのか。大きいのはいいことなのだ。だって、身の回りにはちっちゃいものばかりだったのだもの。リカちゃん人形もちゃぶ台も、ミニスカートもきゅっとちっちゃい。小枝ちゃんツイッギーが羽田に降りて列島大興奮したのも、おなじ六七年。そこへもってきていきなり、
♪大きいことは　いいことだ　ソレ！

ちょっと待ってください。「贅沢は敵だ」と歯をくいしばってきたというのに。日本中の茶の間がはっと虚を衝かれて、箸を持つ手を止めた。それは、高度経済成長からバブルへ向かって日本が一気に突っ走っていく預言でもあった。

ダイニングキッチンが時代の先端だった頃テーブルに登場した洋風の大皿には、おニューでハッピーな香りがあったけれど、ほんらいはそうじゃなかった。「パーティ」と呼んでみればカタカナの響きに酔えもするが、そもそもジャパニーズ・パーティは「人寄せ」と呼んだのです。法事や田植え、頼母子講《たのもしこう》の寄り合い（書いているだけでちょっとうんざりしてくる泥臭さだ）。ひとが寄り集まれば、さあ茶を出せ、酒を出せ。となれば当然、大きな皿や鉢の登場となったわけです。

ちなみに、磁器の生産が発達した江戸時代には、料理屋ではたっぷり大きく派手やかな絵付けの皿や鉢が競い合うように使われた。大皿は直径一尺（約三〇・三cm）から尺五寸あたり、「皿鉢《さはち》」と呼ばれ、汁のある煮ものに合わせた大鉢は「盛りこみ」と呼ばれていた。しかし、昭和に入って戦後ともなれば核家族化をひた走り、あげく大きな皿は退場に追いこまれていった。

ともあれ、しばらくすがたをくらましていた大皿は、そろり本邦再登場となったわけである。

大皿が食卓のまんなかに現れると、にわかにコーフンの小波《さざなみ》が立ち、鼻の穴がふくらみ息も荒い。戦前戦中の生まれでもないのに、たっぷりどっかーんと派手な大きさに思わずたじろいでしまうのは、DNAのなせる業だろうか。

いいや、ちがう。たじろいでいるのではない。嗅ぎ取っている気配はお祭りの匂いなのだ。にぎやかなおしゃべりだ、お囃子《はやし》だ、喧噪だ。だから胸のうちがわさわさ騒いで蠢《うごめ》く。

さて、大皿に盛るとき思わず身を乗り出してもらうには、コツがひとつ、ある。それは、とりたてて正面を決めないこと。こっちの側から見るとおいしそうなのに、あっち側に回れば舞台裏を目撃したような、そんな興醒めを味わわせてしまう――これは避けたい。つまり、大皿ぐるり全方向、どこから見てもまんべんなく「わ、おいしそう」。そんなふうに誰もが思えるよう、均《なら》して盛る。これが大皿使いの極意である。

だって、お祭りには主役はいらない。ひとりひとり、みな主役なのだもの、その気分に水を差しては元も子もない。集う者はすべからく同等。なにを隠そう、これが大皿のココロだ。

となれば、大皿を囲むほうにだって約束ごとがある。その場の人数と状況をすばやく把握しまして、自分の取りぶんを心得る。しかしながら、箸を握るなりときおり世知に長けたふうにこう言ってのけるひとがいる。「えと……てことはひとり三個ずつね」。身もふたもないとはこのことだ。せっかくたっぷり大皿に盛りこんであるのに、なにもたちまち分割してみせなくても。

大きいことはいいことだ！　四の五の理屈はいらない。にこにこわいわい、大皿は陽気に取り囲みたい。

けれども、きれいにすっからかんになった大皿に漂うのは、祭りのあとのさびしさである。

緑の葉

食卓にさわやかな衝撃

柿の葉寿司を初めて目にしたのは、ずいぶんおとなになってからのことだ。

「家族みなでこしらえましたので」

訪れたそのひとは風呂敷包みをほどき、手製の折詰を差し出した。ずしりと持ち重《おも》りのする折を携えて台所に下がり、蓋を開いたとたんほうっとため息が出た。

柿の葉の、なんという艶やかさ！　光る緑がぎっしり整列している。毎年の習慣なんです、と彼女は言った。この時期になると家族総出で柿の若葉を集めに行くの。それをこう、固く絞った布巾で一枚一枚表裏を拭くんです。渋めに淹れた煎茶といっしょにおもたせをお出ししたら、彼女はそう言いながら愛おしげにひとつつまみ上げて、つるんと若葉をめくった。あの日、指先に現れた寿司飯の白い輝きは、二十年近く月日が流れたというのにきらきらとまぶしい。

不思議なものだ。あの昼下がりの鮮烈な柿の葉寿司は、どうやら今でも私を縛ってい るものらしい。つくってみたいのに、つくれない。鮮烈な緑の衝撃に、自分で横槍を入れてしまうような気がして。駅までの通り道の大きな柿の木の若葉を見上げるたび、あ あ柿の葉寿司、食べたいな柿の葉寿司。ため息をつくばかりである。

勢いのよい緑がそのままテーブルの上で弾んでいる——考えてみれば「不自然」な光景なのだ。だからこそ、緑は明確な意味を与えられて存在感をふくらませる。

さて、柿の葉のつぎは、さといもの葉っぱでした。両手の指を折れば夏も間近、お茶事に招《よ》ばれたときのこと。運ばれてきた懐石盆をおしいただくと、そこにはさといもの葉っぱ、ころころ転がる雫《しずく》。うつわにふうわり季節の到来を知らせる葉蓋があしらわれていた。

さあ夏を供しますよ。まずは葉っぱに宿る朝露のすがすがしさをどうぞ——葉蓋を目にしたその瞬間、客は銘々に亭主の声を聴き、心を洗い、気持ちを通じ合わせたのである。

いや、お茶事など持ち出すそれ以前に、そもそも緑はたいそう「使える」道具でもある。饅頭をのせる。チーズをのせる。ドライフルーツをのせる。チョコレートをのせる。私はもうなんにでも使います。うつわと食べものの間にひと呼吸、緑が余裕をもたせる。さらには、掌に葉っぱをのせてうつわとして使っていた太古の昔の、のんびり穏やかな空気さえ漂う。

あら、ままごとみたいですか。しかし、そんなおとなのままごとをあしらった羊羹の小皿を目を細めてじいっと見つめたまま、動かなくなった男性がいた。

「葉っぱをこんなふうにゆっくり眺めたの、いったいこの前はいつだったのかなあ」

緑は、からだのなかに眠っていたナニカを呼び覚ます。

かつて旧暦五月五日は「薬日《くすりび》」と呼ばれた。邪悪なものが降りてくるこの日、丁字《ちょうじ》や麝香《じゃこう》入りの薬玉《くすだま》を吊したり、野山で薬草を摘んで口にしたり、天から盛んに滴《したた》る雨は疫を封じる「薬雨」と呼び慣わした。節句の柏餅、菖蒲湯……月日を味方にずんずん育ちゆく緑に、ひとは森羅万象の生命の勢いを重ね合わせ、祈りを捧げずにいられなかったに違いない。

さて、「じゃあ葉っぱはそのたびに花屋で買うのですか」と問われることがある。いいえ、とんでもない。庭の葉っぱ、散歩の途中の公園の葉っぱ、街のどこにでも。こないだの夕方あんまりツワブキの群生がきれいなので、さんざん迷ったあげく通りがかった近所のうちを思いきってピンポンして「あのう、すみません」。ひと葉だけ分けていただけますか、そう頼んだらたいそう喜んでくれちゃって、なんとまあひと株その場で掘って持たせてくれたのには驚いた。だからそのツワブキでことさら大げさに遊びたくて、葉蓋に仕立ててみたかった。私は葉蓋ひとつのためにお客を招んで、冷たいじゃがいものスープをつくりました。

そろそろほころび始めるのは、くちなしの花。緑も雨に洗われて色艶が冴える。あ。そういえば今朝、夏燕が宙を切る姿を見かけたような。

漆

肌に優しい心地よさ

一生のごはん茶椀に出合ってしまった。漆塗りの椀である。出合ってしまったからには、こちらも腹を据えた。一年三百六十五日ごはんをよそうのは、この茶椀。ときには味噌汁もお汁粉も、なんだってよそう。朝に夕に手を触れて馴染み合うほど、気やすさもいっしょに育ってきた。

ただし、「気楽に使う」ということと「雑に使う」ということは、まるで違う。かけがえのないものほど、気張らずしじゅう使いたい。好きだからこそ長く使いたい。しかし、雑に扱えばそれなりにモノの寿命、ことに漆の生命は縮まる。

漆のうつわは、使ったらすぐに洗って水気を拭う。これだけは決して曲げられない。柔らかな布巾できゅっきゅっと拭き上げ、いったんそのまま。すっかり乾いたところで戸棚にしまう。どんなに水仕事がおっくうなときでも、長年の間にこれだけはすっかりからだが先に動くようになり習慣に定まった。

いや本当のところは胸に一物、大きなおまけを期待してのことだ。そう、大切に使われ続けた漆器は何年、何十年のち、それはうれしいよろこびを与えてくれる。

ここに、同じ作家の手から生まれた黒漆の平椀がある。刳《く》り貫《ぬ》いた厚い栗の木地にたっぷりと黒漆をほどこしたものだ。このうつわがわが家にやってきて六年が経つだろうか。個展の会場で手にした折は、ただ静かな漆黒に覆われており、用心深く目をこらしてようやく木目が見えるか見えないか、そんなそっけない風情であった。

けれど、私は確信していた。長年使い続ければ、このかすかな年輪が漆の向こうから少しずつ姿を現してくるに違いないことを。何度も塗り重ね、研がれた漆の風合いをそのまま素朴に残した仕上がりこそ、実はつくり手からの贈りものであることを。

さあ、わが家の棚におさまったその日から私の張り切るまいことか。きゅうりの和えものも肉じゃがも、白菜と揚げの煮浸しも、そうめんにも混ぜごはんにも、この栗の黒漆椀をせっせと手に取った。漆は肌に心地よく、優しい。すこぶる軽い。熱いものを盛っても、支える手はちっとも熱さを感じない。冷たいものは冷たいまま。漆の樹液の滴りを幾重にも木肌にまとった堅牢さには、頭が下がるばかりである。そのうえ豪放磊落《らいらく》な佇まいにおおらかさ、優しさを滲ませるこの椀は、どんな料理も見事に生かし切って感嘆のため息を誘ったが、じつのところ台所に下げたあと、さらなるお楽しみが待ち受けていた。

水洗いしたあと、いつものように布巾できゅきゅっと拭く。そのとき幾分余計に力を加えまして、念入りに拭くのである。胸の内でおまじないを唱えつつ。

「早く育ってくれますように」

こうして三年、四年と歳月を重ねたある朝のこと。いつものように布巾で拭う指先に、ふいにべつの感触が訪れた。つるり、するり。これまでにない感覚を感じた私は、何気なく手のなかの椀に視線をやり「ああっ」と息を飲んだ。

栗の木目だ！　待ち望んでいた栗の年輪だ！　艶やかな黒漆の内側から、木肌に刻まれていた美しい模様が底光りをともなって、清々しい朝の空気のなかにくっきり姿を現していたのだった。

なんという強さだろう。日々使われることで緩やかに変化を遂げながら、なお新たな美しさを紡《つむ》ぎ出す。それは、漆が切り拓《ひら》く存在の確かさ、強靭さ。

あわてて私は五客ひとつひとつ戸棚から出して並べ、ふたたび目を見張った。透明感をまとった椀、わずかに木目が浮き上がりかけたばかりの椀、いまなお沈んだ漆黒に包まれたままの椀……わずか数年の歳月でも、その表情は少しずつ微妙に異なり、つまりひとつひとつに呼吸のしるしがあった。

精魂こめて漆の仕事に向き合った者へ。愛おしみながら使い続ける者へ。扱われてきたすべての歳月へ――内側から滲み、溢れ出るすこやかな美しさは、あたかも漆の恩返してある。

テーブルクロス

毎日の洋服に似ている

声が掛かって階段をとんとん降りてゆくと、母はたいていテーブルを拭いていた。きゅっとかたく絞った台ふきんで、はじからはじまで大きくひと拭き。そうして、おもむろにごはん茶碗、味噌汁の椀、小鉢、箸。お膳立ての前のひと拭きこそ、ごはんの始まる合図なのだった。

「ごはんですよー」

台ふきんで、まずは拭く。私にとってもテーブルはずっとそういうものだった、クロスを掛けるまえまでは。

テーブルクロスを使う習慣ができて八、九年が経つ。短くはない年月だから、テーブルの上にクロスがなければもはや落ち着かない。けれども引き替えに、こどものころからずっとなじんできた、あの台ふきんでテーブルを拭く習慣を失《な》くしてしまった。

なぜそういうなりゆきになったか。理由はふたつばかり、ある。

ひとつ。居間の壁も天井も白い住まいに暮らし始めたとき、一枚の布にあたたかな空気を求めたこと。もうひとつ。二十年以上使ってきたテーブルがなんとはなし部屋に合わなくなり、それでも愛着絶ちがたく、クロスで覆いつつなお使い続けたかったこと。ふたつの理由はいまでもそのまま変わらないので、テーブルクロスもまた、なくてはならない存在であり続けているというわけなのだ。

たかだか布一枚。ふわりと広げただけだというのに、その瞬間、空気は一転がらっと塗り替わる。ついさっきまで黒い面に過ぎなかったのに、クロスをまとうなりテーブルはおだやかになる。布目がこまやかに織りなす、そのやさしげな風合い。まわりに垂れた布のたわみが揺れ、陽が溜まったようなゆるい心地よさ。

知らなかった。そこに現れたのは、台ふきんで水拭きしてさっぱり一掃するのとはちがう、べつの気配。拭き去ってゼロから出発するのではない、ふわり布が掛かって新しいなにかがそなわっていた。

気配はほんのりあたたかく、たちまち手放せなくなった。とりわけざっくり鷹揚な織りの丈夫な麻のクロス。コットンならアイロンで皺を伸ばしたくなるが、麻なら皺そのものが風合いや手触りになる。そのおおらかさを勝手に味方につけた。広げて、掛けて、汚れかけたらさっさと剝ぎ取りざぶざぶ洗う。ま、毎日の洋服みたいなもん。ただそれだけの繰り返しだが、掛け替えるたびテーブルの、さらには部屋ぜんたいの空気ががらりと変化する、それが愉快だ。

たとえばクロス十枚、テーブル十卓ぶん。テーブルコーディネートなどとたいそうな言葉を持ち出すまでもなく、布一枚、ぱちんと指を鳴らせばそのたびに新品のテーブルが出現するのだから、こんな便利な話はありません。

ただし代償はやっぱり、ある。液が垂れれば、そのままクロスに滲んでしみになる。三大天敵はカレー（＝ターメリック）とキムチ（＝赤唐辛子）と赤ワイン（＝タンニン）だが、まずは迅速さで勝負。間髪入れずすみやかに洗い、白ならば漂白、色ものならば濃い石鹼液に浸して窮地を切り抜ける。溶けたろうそくをこぼしたとんまな日には、がっくり肩を落としながら熱湯にクロスを浸し、指先を火傷しいしいもみ洗い。

ほうら、やっぱり面倒でしょうが。ハイご意見ごもっとも。けれども、クロスを剝げば魔法が解ける。ぺろんと現れる素の硬いテーブルに興醒めを覚えるようになってしまったから、もうあと戻りができなくなってしまったのです。

クロスの下には、じつは厚手のフェルトが仕込んである。音も衝撃もフェルトが吸収して、ただの布一枚をたっぷりやわらかく増幅させる。その奥ゆかしい感触を、すっかり自分の肌が覚えてしまった。

とはいえ、ときたま、からりさっぱり水拭きがしてみたくてたまらない。こどもの時分見知った日々の習慣が、これほどからだの芯までしみこんでいるとは。

プレイスマット

テーブルの不可侵領域

「アデレードはすごくいい町だよ！」

留学の締めくくり、オーストラリアを旅行中の娘からの電話である。イタリア人の女の子と二人旅を始めて二週間め、今夜はバックパッカーのホテルに泊まるの。そう話す声がたくましい。公衆電話でかけているというから、こちらもあわてて早口になる。

「あのね、こないだ気持ちのいい木綿のテーブルクロスを見つけたよ。ドイツのアンティーク」

「へえ、帰ったらそのクロスでごはん食べるのが楽しみだなあ」

――育ったもんだ。ハハはしみじみ思うわけです。反抗期の盛り、娘は台所で声を荒らげて言ったものだ。

「あのさ。うちはテーブルに布なんかかかってるから、面倒なんだよ」

面倒、と切り口上になるには理由があった。食事の仕度ができたら家族三人のお膳を整える、これを十歳の頃からずっと娘の役目にしてきたから、ごはんのたび彼女がクロスの上に人数分のプレイスマットを配置する。そこに自分で選んだうつわや箸や箸置きを並べて、お膳立て……とまあ、それなりの夕飯どきのあうんの呼吸というものが出来上がっていた。なにより、その日のお膳を自分でつくり出す楽しみがあることに、娘は確かに気づき始めているようだった。たとえ親子喧嘩をしていても、「ごはんできたよー」と声をかければ、仏頂づら下げても鍋の中をのぞきに台所へ入ってきたから。

そもそもプレイスマットを使い始めたのは、テーブルにクロスをかけて以来のことだった。洗濯したてのこざっぱりとしたクロスをかけて食事のたびにマットを置けば、テーブルの上はいつもせいせいと気持ちがいい。だいいち、娘がごはんをぼろぼろ落とす幼い時期もとうに過ぎていた。

しかしながら、朝も夕も毎度毎度プレイスマットを敷き、そのたびにあれこれうつわを取り揃える日々の繰り返しが疎ましく面倒に映るのも、十代の反抗盛りには当然のことだったろう。

じっさい、朝も昼も夜も、つまりテーブルでなにかを食べるときには必ずマットを取り出す。一枚、ぺたんと置くでしょう。するとテーブルの上には、にわかに「個々の領域」が現れる。ついさっきまで新聞を広げていても、アイロンかけの途中でも、たった一枚置きさえすればアラ不思議、目の前に、これから食事をはじめるための粛々たる空間が生まれ、空気は一変するのだった。

プレイスマットは、断じて汚れ防止の道具なんかではありません。お洒落なテーブル小物でもない。「さ、食事の時間ですよ」。そこに立ち上がるのは、あたかもそれぞれに与えられた不可侵領域。ともすればずるずるべったり転がってゆく生活時間の連鎖に、ぴしゃっと釘を刺す。

プレイスマットと呼べば何やら目新しいが、日本の折敷《おしき》とて同じこと。一膳のために、空間と時間をきっぱりひと区切り。そのけじめにこちらも背筋をしゃんと伸ばし、「では、いただきます」。洋の東西を問わず、食卓と向かい合うときには、結局同じ精神が通底している。

さて、「面倒なんだよ」といったん上がったのろしは、いかにして鎮火されたか。じつのところ、四の五の言われたところで親鳥は毎度の糧を調達するのに精一杯で、いちいち構っちゃいられなかった。クロスもマットも、「うちはそういうことになっている」ので、お膳立てが整わなければ食事も始まらない。結局そうして相変わらず娘は毎晩のお膳立てを引き受け続け、十年が経ってハタチも過ぎた。

棚の一隅に、何種類ものプレイスマットが重ねて置いてある。その中に紺色の木綿の布が三枚。小学生の頃、娘が家庭科の時間にちくちく自分で縫った赤い縁取りの手づくりである。

木のお盆

敬語口調のお役立ち道具

ヨノナカには、しなくてもいいこと、というのがある。十日ほど前のことだ。はっと目覚めてタクシーの窓の外を見ると、自分ちのはるか先である。「お疲れのようなので、声をかけるのを遠慮してました」（だったらそのぶん早く家に帰して）。しなくてもいいこと、言わなくてもいいセリフ、なくてもいいモノ……微妙なひと呼吸が宙を舞っている。だから私はときどき嘆息する。たとえば台所でお盆を取りだすときにも。

これ、お盆にのせようか、いや、朝ごはんのヨーグルトを運ぶだけなんだから、わざわざお盆なんか使わなくても、とひとりごと。また、ある日の晩ごはん。さあ、おいしそうに魚の切り身が焼けた。熱々を盛り終えた家族三人ぶんの皿が台所に並んでいる。早く運んで熱いところを箸でほぐして頬ばりたい。とっとと一斉にお盆にのせてしまえばそれですむのに、「この三皿、なんとか両手で運べないものか」。横着な考えが一瞬、脳裏に浮かぶ。お盆さえ使えば、こともなげに一度で運んでしまえるというのに。

横着、と書いた。お盆一枚増えれば、手もとの道具がひとつ増える。そのうえ、雑《ざつ》にいっちゃえ、と思っていたのに、お盆一枚介入したら急に敬語が侵入したようで、気楽な気分に水が差される。それがかえって面倒くさくて、「横着」へなだれこむ。便利な道具は躊躇《ちゅうちょ》なく手に取ればいいだけの話なのに。

しかし、その反対もある。のんびり夕飯を終えた週末、とっておきの和菓子が買ってある。丁寧に玉露など淹《い》れたら、湯呑みや菓子皿はやっぱりお盆に整えてしずしず食卓へ運んでみたい。

……とまあ、こんな場合あんな場合、お盆には微妙な空気がまとわりつく。

つまり、こういうことではないか——日本人は、お盆に礼儀や格式を嗅ぎ取る。神聖さを感じ取る。お盆の上のものは、そこにのせられている間はなんぴとにも属さない不可侵領域。私のものでもなければ、あなたのものでもない。ことほど左様に神聖なものを扱っているのですよ、とお盆みずから語りかけてくる。いよいよ手に取ってお盆から降ろされ目前に置かれたその瞬間に初めて、焼き魚の皿も菓子皿も相手のものとなる。

しちめんどう臭く言えば、そういうことなのだ。いつもの台所で、そんなぴりりと張った空気をお盆が含んでいるのを感知するから、ときおりこの一枚、見て見ぬふりをしたくなる。

けれども。だからこそお客のあるとき取りだすお盆は、すっぱりと潔く気持ちがいい。私はそれを八歳のとき知った。

秋の初めだったろうか、日曜の昼下がり、父のところへ不意の客があった。ひとしきり挨拶をすませて台所に下がってきた母が茶を淹れる。「ねえちょっと誰か、応接間へお出しして」。こういうとき犠牲になるのは長女に決まっている。早々に諦めて、茶托ごと湯呑みを手にして持ち上げた。と、背後から母の声。「お盆、お盆! お盆にちゃんとのせるのよっ」。あわててお盆を引っ張り出し、茶托をのせる。

あらま! 損な役回りを引き受けさせられたさっきまでの腹立たしさは消し飛んでいた。そのかわり、お盆を手にした私は急におとなの仲間入りを果たしたような晴れがましい気分に顔を火照らせ、心地よい緊張感さえ走らせていたのだった。

お盆一枚に潜む、この不思議なからくり。もし機能一本やりの板切れだったら、どんなにらくちんか。ところが勝手なもので、ただの板なら逆に興醒めする。だって、今どきふうにさばさば「トレイ」と呼んでしまうだけで、お盆にまとわりついている微妙なひと呼吸はあっけらかんと吹き飛ぶのだから。

自分ひとりの昼ごはんをのせトレイ代わりに使ったそのお盆に、翌日はお客のために丁寧に淹れた緑茶をのせたりする。すると、昨日と今日では、手もとはまるで違う顔つきだ。お盆というものは、なんとまあ不思議な板であることよ。

うつわに花を

その気張らない解放感

家に帰る道すがら、しじゅう立ち寄る花屋がある。お客が三人も入れば身動きできない小さな店だというのに、ついさっき野原や山道から切り出してきましたという空気があり勢いが迫りくる。山ぶどうやウメモドキの枝。ふかふかのラムズイヤーの葉っぱ。野性的なクリスマスローズ。花びらが散ったあとのスカビオサの茎まで、愛おしげにガラス瓶に挿してある。買っても、買わなくても。そのおおらかな空気になじんでいるだけで爽快だ。

今日も今日とて、帰り道のおともに選んだリューカデンドロンの根もとに水揚げの鋏を入れ、ふいに手を止める。

さあ、どれに活けたものか。

花の頭がずしりと重い。となれば、それを受け止めるのは腰の据わったもの。ふうむ、と腕組みしたそのとき、黒いうつわの姿が目の前に現れた。

ハナコさんの黒い鉢にしよう！

実際のところ、料理とおなじように、うつわには花の姿もよく似合う。だから私は、花器とうつわをまるで区別しない。本当はうつわのほうは迷惑しているかもしれないけれど。そもそもうつわは活ける「作法」や「出来不出来」などはなから気にしない。それどころか、気張らない解放感が花のおおらかさを引き出す。

晩秋の小さな実や枝を挿すには、楚々としたそば猪口。茎の動きに威勢をつけてくれるのは、愛嬌のある片口のフォルム。花が秘めた野性を喚起するのは、たとえば火襷《ひだすき》のかかった備前の土肌。粉引の穏やかな白には、静かな白い花を添わせてやりたい。そして今、手のなかにあるリューカデンドロンの緑を浮き彫りにしてくれるのは、あの黒いうつわ。ならば、と私は鋏を握り直す。庭のオリーブも切り出して添えてみよう——。

台所でこの黒い鉢を手に取って盛るのは、たとえば冷奴や白和え、まっ赤なトマト。こんがり焼いたピメントやかぼちゃ。ここぞとばかり色の対比をおもしろがる。花もまったくおなじこと。だってモノは、使う側がその存在のチカラを信じていれば、ひょいと自分を超える。

「このベンチの座り心地、素敵ですね」

「線路の枕木だったんです、じつは」

すると、お尻の下のほどよい柔らかさがなにやらよけいにうれしい。

「ラズベリーの植わった素焼きの鉢、まあるくておもしろいですね」

「あ、アレはタコツボの底に穴を開けて置いてみたもので」

枕木もタコツボも本来の機能はまるで忘れ、と同時に使い方の自意識などいつのまにか雲散霧消して、モノとしての「存在の魅力」だけがすっくと主張を放っている。けれども、モノの生かし方には塩梅があるようで。

あるとき、数人の集まりがあった。さっそく冷やしておいた白ワインを抜きましょう、という段になり、家の主人がおもむろに言った。

「この檜のワインクーラーいいでしょう、うちの風呂場の桶なんですわ」

しん、と二秒間の硬い沈黙がその場を凍結し、あわてて客のひとりが大きな声を出してみせた。

「おお、高そうなシャブリがこりゃいい湯加減だぞう」

ワハハ、とその場が沸いておしまいになったけれども、使い手がまだ風呂桶としてしか信用できていない中途半端さが、すでに負けである。

ところで、黒い大鉢の生みの親ハナコさんは、バークレーで作陶に取り組む唐津出身の中里花子さん。この春先、帰国中の彼女を招いたとき、私は彼女の手になるこの大鉢にまっ白なヨーグルトクリームを盛り、黄金色の蜂蜜をかけて供したのだっけ。そのおなじうつわが漆黒の肌に木々の緑を映えさせ、満々と水を湛えている今日、晩秋の日暮れどき。

花や枝を受け止めて未知の輝きを放つ、それはうつわというモノの生命力である。

買えない味

指

かぶりつく直前の味

扉に閂《かんぬき》を落とすように、夏はぱたりと終わる。

あ、吹く風に秋が混じった。となればその瞬間、たとえば足先のペディキュアの色がにわかに浮き上がって映る。けれど、この数ヶ月ずっと馴染んだ習慣にすぐさま閂を落とすわけにもゆかず、しばらく足先がもじもじ所在ない。秋の入り口、紬のきものに袖を通そうかという時分になって、再び指の先は素に戻り、白い足袋のなかにおさまる。季節は巡ったのである。

ふだんはちっとも気にかけていなかったのに、いったん指に意識を集めてしまえばときどき、うずうず、ずきずき、皮膚の内側の寝た子に揺さぶりがかかる。呼び起こされるのは、惰眠を貪っていた官能である。

そんなふうに思いだすことになったのは、桃のせいだ。

桃の皮は、包丁で剝かない。枇杷だって、包丁なんかで剝いてはいけません。たっぷり蜜でふくらみ切ったやわらかな果実に添わせるのは、たとえば薄い竹の刃。それともなければ指である。

毛羽だったもわもわの皮に用心深くとっかかりをつけ、力を入れずにそっと指でつまみ、しかし確信をもって引っ張りながらめくり上げる。つーっとそのまま、指先と薄皮は確かに繋がり合っており、つるんと剝けたその境界線からなまなましい蜜がこぼれて滴る。

そんなふうにして指で剝いた果実が、唇に訴えかけるおいしさといったら。さらには、うっかり力の入ってしまった場所はどんより薄茶に濁り、滲んで広がった指の跡がしごくなまなましい。

指先は、からだの面積のほんの一部なのである。その狭くて小さな先っちょに、自分の神経のぜんぶを集める。すると、針の先ほどの鋭い点にさえ激しく反応してしまえる。だから熟成の塩梅、つまりおいしさの具合は指先すべてで推し量る。感覚だけではない、経験も学習も自分の好みも、ありとあらゆる具合を見通さなければ。緊張が走ればこのわずかな面積はぶるり武者震い、にわかに肥大の一途をひた走る。

ぬうっと押す。向こう側から波を返すように押し戻してくる、その生硬さ、やわらかさ。指先に神経を束ね、暗闇のなかで必死に食べごろを推し量る。もう少し。ほんのちょっとだけ我慢してから。またはほらたった今。けっして逃してはいけない。枝から果実がぽとり、機は熟し切った——。

かぶりつく前、いっとう最初に指先がたっぷりと味わっている。

そのことに目覚めたのは、じつはインドの旅であった。チャパティをちぎる。カレーに浸す。スープに浸ける。ごはんを右手の三本の指できゅっと丸める。それらを口に放りこむ。おなじターリに盛られたココナッツミルクのカレーと豆のカレーでは、指に伝わる熱さぬるさ、濃度はまるきり違っており、まず自分の指が直接「味わい」を知るのである。

わたしは激しい衝撃に打たれて動揺した。ものの味を味わうのは、口だけではなかった。一瞬からだは空中分解して混乱を示したが、ただちに官能が先に反応し、やわらかな理解を開いたものだ。

そうか、指も舌なのだった！

だから、つまみ食いは指に限る。箸なんか興醒めもいいところ。誰にも秘密でこっそり味わうなら、ざらざら、すべすべ、しっとり、ひんやり、ぬるぬる。もはや、指というもうひとつの舌をないがしろになどできるわけがない。

ああ、指先が疼《うず》いてきました。もうおしまいごろのトマトなんか名残惜しげにきゅっと握りしめ、かぶりついてみたい。やわらかに張った薄皮に指先がめりこみ、そこから汁が伝わり落ちる。

汁のすじみちがつつーっと手首に一本、あわてて舐めてみるけれども、痒さを残す肌がかすかに腫れて赤い。

レモン
ひとたらしの衝撃

じゅわっ、わずか一滴。

けれども、それが天と地をまるきりひっくり返してしまうひとたらしがある。

おや？　ひとたらし、って口にしてみれば「人ったらし」と似てますね。というか、ほとんどそのまんまだ。騙すのじゃない、当人にその気があってもなくても否応なくひとを魅了してしまう、奇妙にエネルギーを与えてしまう。「人ったらし」というのはそういうあぶない魅力のある人のことだ。

で、ひとたらしの話だ。「人ったらし」さながら、こやつの名前はレモンである。

レモンをじゅわっと搾ったとしましょう。紅茶はたちまちレモンティに変わり、ただの水は一気にレモンジュースに変わる。驚天動地、上と下は逆転し、表と裏はくるりと入れ替わる。

それほどの衝撃を、レモンは与える。

「紅茶に輪切りのレモンを入れるときはぴったり二秒。三秒入れたら紅茶はだいなしになるっ」

十九のときだ。薄暗いジャズ喫茶で「あたし、レモンティ」。続けて同級生の女ともだちが向かいのテーブルで力説したときの、あの奇妙に真剣な表情を今でも忘れない。

「いち。に」

かっきりふたつ数えてスプーンで薄いレモンをすくい出す。と、さっきまでの深度の濃い色は手品がかかったように軽やかな透明をまとっていた。

すごいもんだなレモンは。レモンティの味にはたいしてそそられなかったけれど、目の前でものごとをくるりと回転させてしまうひとたらしの衝撃に、心臓は大きく波打っていた。

さて、それから幾星霜。うれしかなし、酸いも甘いもそれなりに嚙み分けられるようになったおかげというものだろうか、レモンを掌中にすれば、思わずにんまりほくそ笑む余裕を身につけた。

まさに「人ったらし」、一滴のレモンが、がぜん味わいに勢いをつけてくれるものだから。

炒めものにレモン。スープにレモン。炒飯にレモン。焼き魚にレモン。白身の刺身にレモン。蒸した野菜にレモン。蒸かしたじゃがいもにレモン。アイスクリームにレモン。

いやもう、なんにでもレモンを搾りたくなって困る。すだちやかぼすのひとたらしにも惹かれるが、年がら年中気楽に手を伸ばすのはやっぱりレモンである。

火を通し過ぎてはいけない、いちばん最後に思いきりよくじゅわっ、ただもうそれだけで、小股が切れ上がったように味がきゅっと締まる。レモンの酸味と刺激でぴりりと鋭角を尖らせれば、ぜんたいの味がキレて走る。とたんにエッジの効いた味が生まれるのだ。

ただし、ひとたらしのかげんにはそれなりの芸がいる。度を過ぎれば、酸味が味をだいなしにする。少な過ぎれば効果のほどはピンぼけだ。または、酸味さえ感じさせず、軽さだけもたらす超絶技巧だってある。もったり重いな。そんなときの豆や野菜のスープ、肉の煮こみにたらせば、腰の重い風船をふわりと気流に乗せて飛ばしたようなさわやかさ。

狙い定めて一点集中、レモンというものはつまり、料理に変幻自在のエネルギーを注入する調味料、目もくらむ魅惑のソースなのだった。

ところで、あの紡錘形のレモンを目にするたび、どうにも逃れようのないのが梶井基次郎『檸檬』である。

見わたすと、その檸檬の色彩はガチャガチャした色の諧調をひっそりと紡錘形の身体の中へ吸収してしまって、カーンと冴えかえっていた。私は埃っぽい丸善の空気が、その檸檬の周囲だけ変に緊張しているような気がした。（『檸檬』新潮文庫）

そして「私」は「黄金色の恐ろしい爆弾を仕掛けて来た」ような気持ちで、すたすたと丸善の洋書の書棚をあとにするのである。

黄金色の爆弾！

驚くべし、レモンひとたらしの一撃。

唐辛子
やるときゃやります

「モテ」大全盛である。モテ髪、モテ眉、モテ服。こないだ「モテ店員になるには」というフレーズも小耳にはさんだ。

みんなそんなにモテたいのか。いや、それはそれで問題なしなのだが、しゃくに障るのは「モテ」というニュアンスに潜んでいる微妙な媚びだ。へつらいだ。あらかじめ下手に出つつ、じっとり上目づかいで相手の顔色をこそこそうかがっている。あのう、こんな私でよろしいでしょうか——ジンセイそんな主体性のないことでいいのかっ。金八先生は、机をどんと叩いて青筋を浮かべるわけである。

唐辛子もおなじことだ。「モテ」と唐辛子。いや、意外にもこれが大いに関係のある話なのである。

台所に唐辛子がどでんと居場所を得るようになってから、調味料の扱いに変革が起きた。それまで、塩はもちろんのこと、調味料というものは様子をみいみい微妙な塩梅を計りながら慎重に使うものだった。計量カップや大さじ小さじには手を伸ばさなくても、なにはともあれ入れ過ぎにだけは要注意。味が濃いほうに転がってしまっては、すべてがだいなし。そう信じてきたのである。

ところが、唐辛子を使い始めると、どうやらその法則は当てはまらないということに気づいた。(こんなに入れると辛過ぎやしないだろうか)おどおど様子をうかがって及び腰になっていては、辛いのだか辛くないのだか、唐辛子は宙ぶらりんのまま浮いてしまって、結局あえなく不発弾で終わる。

行くときは、行け。遠慮は一切無用だ、ばっさり思い切りよく進め。これが唐辛子を使うときの私の座右の銘です。

辛いときはびしりと辛い、それでこそ辛さの輪郭はきりりと際立ち、おいしさに変わる。びくびくしながら唐辛子を使えば、その弱腰はまるごと味に露呈してしまう。辛さというものは、つまり、中途半端では味覚に響かない。

さらには、唐辛子はただ辛いだけではないのです。辛さの奥を探れば、酸味、苦み、えぐみ、そのうえ甘みやうまみ、さまざまな味の要素が潜んでおり、それが厚みのあるおいしさをつくる。だから、唐辛子を手にするときは媚びてはいけない、へつらいも意味がない。辛くはないでしょうかだいじょうぶでしょうか。遠慮がちに相手の顔色など気にしていてはいけません。

この料理はこの辛さで行く。きっぱりわが道を歩んでいただきたい。

ところで、唐辛子の居場所は台所のどこがおさまりがよいか。それはもう使用頻度によるけれど、やっぱり冷蔵庫だ。旅先の韓国でどっさり買いこんできた、などというときは小分けして冷凍庫におさめる。乾かした唐辛子を蔵に積んでおくと、甘みがあるからネズミが引いていくなどというけれど、外気にさらされていてはやっぱり質は低下する。しだいに色も黒ずんでどんよりしてくるから、早めに使い切るに限る。いくら辛くて無敵のように思えても、そこはそれ、唐辛子だって泣きもすれば笑いもするひとの子なのである。

だからこそ、唐辛子はケチらずどんどん使う。深まる秋にはもってこい。汁ものも鍋も、唐辛子の辛さを得れば、がぜんおいしさを増す。そして、不思議なことだが、赤い粉を景気よく振りかけていると、なにやら妙に覚醒する。鍋のなかがまっ赤に変わっていくさまを目にすれば、むふふひひひ、躁な笑いがこみ上げる。

もっとも、いっとう爽快なのは食べているときだ。がつんと辛みが効いた味は、脳を刺激する。はっと気がつくと興奮状態、背中や脇の下につつーと熱い汗がつたい、頭の毛穴はいっせいに全開。こうなりゃ、もはや「モテ」なんかどーでもよくなっている。

やるときゃやれよ。台所で唐辛子に手をかけると、耳もとでこっそり囁くのは悪魔か天使か。

P 16

P 32

P 43

P 20

P 54

P 24

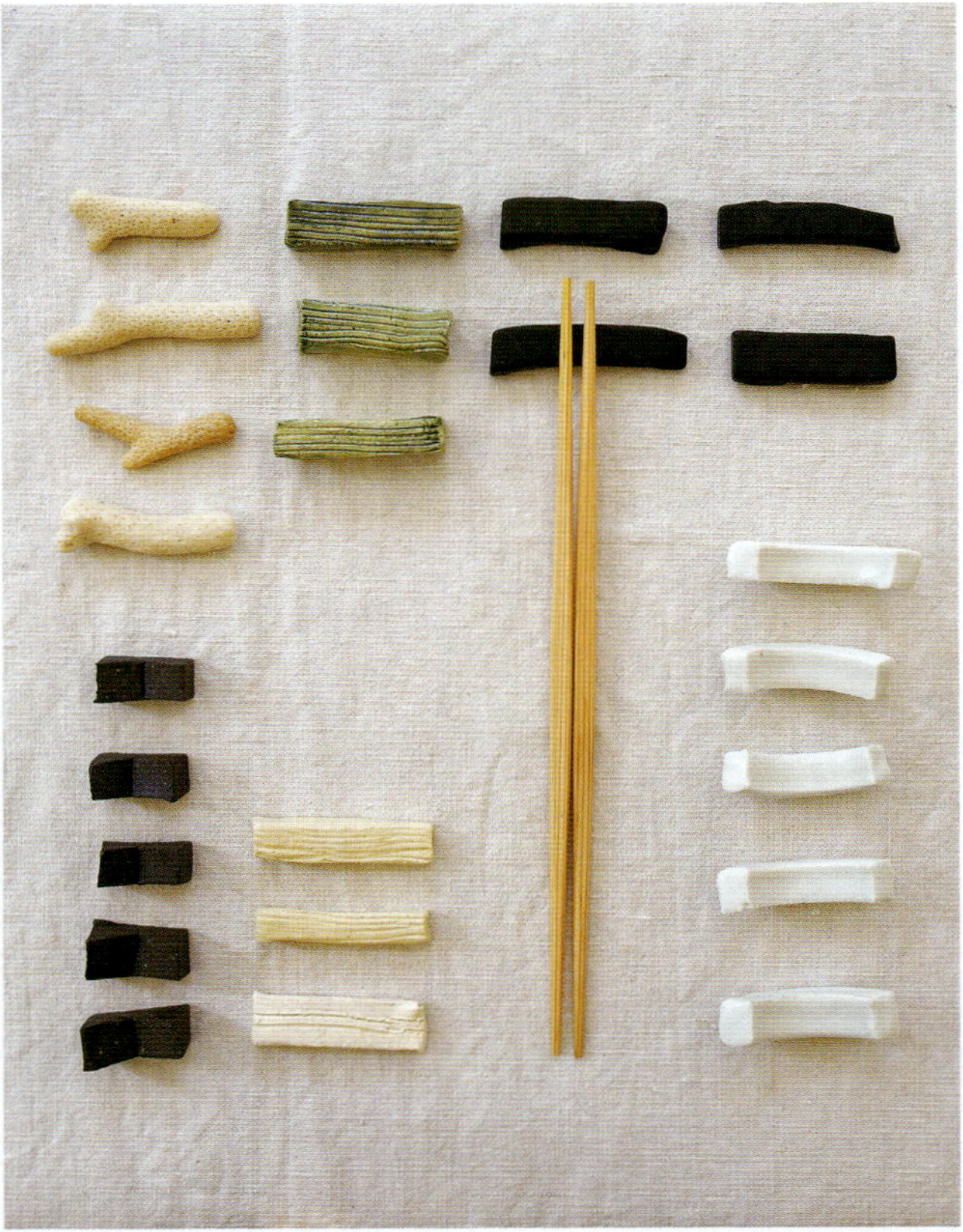

P 12

P 97

P 85

P 28

P 58

P 89

P 101

P 105

矢田津世子
神楽坂・茶粥の記
講談社
庭のつるばら
庄野潤三
夫婦善哉
織田作之助
新潮文庫
石井好子
巴里の空の下オムレツのにおいは流れる
朝鮮奥地紀行1
イザベラ・バード
朴尚得訳
東洋文庫
572
森茉莉
記憶の絵
中国料理素材事典
野菜・果実
ランス料理の源流を訪ねて
各地方の食材と料理
アメリカの食卓
小島政二郎
内田百閒全集
第一巻

水

サラダスピナーにかける

つい三月《みつき》ほど前までは、台所の水に肌をさらすのが一瞬ためらわれたのに、くちなしの花が咲くころともなれば、蛇口をひねると手がよろこんで水を迎えにいく。ざあざあ飛沫を浴びてうれしがるのである。

そんな季節になったから、だから現金なものでクレソンもリーフレタスもイタリアンパセリもほうれんそうも、青い葉っぱはいそいそ洗う。たっぷりボウルに水を張ったところへ、ばさっ。葉っぱをいちどきに放って盛大な水浴びである。

葉っぱを洗うのは、存外にむずかしい。いや、少しばかり気が張るとでもいおうか。だって、手の先にちからを入れればたちまち繊維が傷つく。おざなりに洗ってしまえばかんじんの汚れが取れてくれない。葉っぱのやわらかさ強《こわ》さを手先で感じながら、自在にちからを塩梅して応じてやらなければ。

そんなわけで私のいつものやりかたは、振り洗い。水のなかで五本の手指を大きく開き、ブルドーザーさながら鷹揚にざっくり、葉っぱをおおらかに泳がせながら水流をくぐらせる。

やがてボウルのなかの水が、それなりに濁るのが見てとれる。そうしたら葉っぱごと、いったんざるにざあっとあける。そして再び新しい水をたっぷり満たしたボウルに放ち、仕上げの水浴び。

ただし、水浴びはどんなに気持ちがよくとも二度まで。きれいに洗えばいいというものではありません。念を入れすぎるのも考えもの。いくら鷹揚に泳がせるとはいえ、青菜の繊維は思いのほかやわい。傷ついたちいさな折れひとつ、そこからたちまち水っぽさが侵入する。だから、うつわに盛られた葉っぱを見れば丁寧に扱われたかどうか、すぐに知れてしまいます。

青菜を洗うたび、くすりと笑いを禁じ得ない話を思い出す。

「小学校のときだよ。母親にたまには手伝いしろ、このほうれんそう洗えといわれて渋々ランドセル置いたら」

オザキくんは予備校の人気講師である。

「野球の約束を急に思い出してさ、オレこんなことやってる場合じゃねえ、ざるにほうれんそう突っこんで洗ったふりして、グローブつかんで飛び出したわけだ。その日の晩飯のとき、ほうれんそうのおひたし食べるなり母親が怒った怒った。いやそのときは、なんでバレたか不思議でたまらなかったね」

　歯と歯のあいだでじゃりじゃり土や砂の鳴るおひたしの味。これはもう、あと戻りのできない哀しさにまみれている。

　しかし、さらに情けなさまで呼びこんでしまうものがもうひとつあります。

　それが水だ。

　ことのほかサラダに水気は大敵だ。水が味を薄めてしまう。オイルやドレッシングをはじき飛ばしてしまう。つまり、葉っぱや茎には依然水滴がまとわりついていれば、口に入れたとき感じるのはまず水気。あとからあわてて塩や酢やオイルの味が追いかけてきても、万事休す。せっかくのルッコラもプチヴェールも水っぽいばかりの情けなさが募る。

　洗ったら、そのあと水気はきれいさっぱり飛ばしてしまいましょう。やりかたはお好みしだい。大きなキッチンタオルにふわりと包んでぶんぶん振り回すのも結構、そうっとキッチンペーパーを当てるのも結構。とりわけいちばん手っ取り早いのは、サラダスピナーにかける、これだ。

　ぐいーん。緑が勢いよく回転する。と同時に、飛び散った水滴がスピナーの内側をびっしょり濡らす。開けておどろく。ざっと水切りしても、こんなに水が残っているものなのか。

でかい図体をして、ふだんは無用の長物のように映るサラダスピナーである。しかし、ぐいーんぐいーんと高速回転させれば梅雨空もすっきり晴れ晴れ、さわやかな風に吹かれた直後のサラダのおいしさを一度でも知ってしまったら——。

風

肉、魚、野菜、果物を干す

肴は焙ったイカでいいのは、八代亜紀。酒田の料理屋にもらった蛍烏賊を乾かしたの、これは家に客があったとき自慢して出せると書いたのは吉田健一。どちらも奥歯の深いところにじわりと滲んで広がるうまみを思い描かせ、にわかにそわそわ、熱燗が恋しい。焙ったイカも、蛍烏賊を乾かしたのも、どちらも風のお世話になっております。干して、乾いて、水分の抜けたぶん、ぜんたいがぎゅうと凝縮している。嚙めば嚙むほど真の味が湧き出るので、嚙んでもまた嚙んでも、さらにその次を嚙みしめる気になる。なんとま、座持ちのよいこと。風は大立役者なのである。

「海から吹いてくる、ホレこの北風よ」

浅黒いおでこにタオルの鉢巻きの白さが目にしみる海の男が、ざっぱーんと波音轟く能登半島の海岸っぺり、朝方干したばかりのカマスを指して教えてくれた。

「山から吹き下ろすカラッ風がいいの」

割烹着の手首にきゅっと輪ゴムの跡、まんまる顔に金歯も愛らしいおばちゃんが、畑の向こうに連なる山を背に、縄で縛って吊しただいこんを見上げて言った。

海の潮風、山おろし。風は風でもいろいろある。

モンゴルの遊牧民族の移動住宅ゲルに滞在していたある晩のことだ。その夜更け、八十を超えた一家の爺ちゃんと馬乳酒を酌み交わしていた。三杯めのどんぶりがからになったころ、爺ちゃんはおもむろに言って戸棚の奥を探った、「あんたにいいものを食わしてやる」。

爺ちゃんの右手に一本、私の手に一本。握られたのは羊の骨つき干し肉である。天窓から差しこむ月の光が、かさりと乾いた太い肉の陰影を描き出す。齧ってむしると、歯に食いこむ抵抗が乾いてなお猛々しい。嚙むほどにじわっ、じわっ、味が湧いてくる。これが羊の真の味なのか。

「今朝牛を追いに行ったとき下を走っただろう、あの崖でひと冬乾かした干し肉だ。あそこは秘密の場所でね、じつにいい風が吹くのだよ」

潮風も山おろしも、地平線のまっただなかの崖下を吹き抜ける風もあいにく持ち合わせのない私は、手狭なマンションで風をつくる。いや、風の通り道を見つけるくらいのことなのだけれど。

家のなかには、風の道筋があるものだ。窓を開く。玄関を開ける。すると、静かに風が動いて通るのがわかる。目には見えなくとも、あるときはするり細く。太く。こっそり。勢いよく。さまざまに風は通ってゆく。そこへ場所を定めて、細切りだいこん、青菜、開いた魚、小さなベリー類、肉のかたまり……気が向けばもうなんでも干します。このところの気に入りは白菜の芯のあたり。ざるに広げて干して数日置き、これを刻んで味噌汁に仕立てれば、新たに顔をのぞかせるひと味に出合う。

さて、十八番はといえば肉である。牛肉なら脂身のないところ。細くさくに切って塩と胡椒をまぶし、風に干す。豚肉なら三枚肉。おいしい塩をたっぷりすりこんで針金に通して吊るす。水分が飛んでうまみがぎゅうっと凝縮し、ひと晩もあれば干し肉の一丁上がりである。

ぶら下げたあとは放ったらかしなのに、風や日陰や太陽が複雑に手を組んで、じつによい仕事っぷり。その巧みに拍手喝采を送りつつ、ぐびり喉を潤しながら腑に落ちてゆく酒のうまさといったら！　これですよ、これ。これが乾きもののおいしさの真骨頂である。

さて、風の役者ぶりに手を合わせたくなるのは、掌に盃がのっかっているときばかりではありません。ここに、冬の間に乾かしておいた蜜柑の皮のひと山がある。蜜柑を食べたそのあとの皮をざるにのせ、風にしばらく面倒を見てもらったそのおかげで、季節が変わってもお風呂のひとときがこんなに芳しく楽しい。

緑萌え立ち、風薫る。さて今日はとびきりの干し日和のようである。

野菜の皮とへた

苦みやえぐみに潜む滋味

「ちゃんと全部食べなさい」

毎度毎度のごはんどき、耳にたこができるほど母に言われた。もう「ごちそうさま」を言いたいな。残しちゃおうかな。微妙な揺れをすっかり見通してしまう母におののいて、私は茶碗にへばりついたごはんひとつぶ、椀の底の味噌汁ひとしずく、しぶしぶ口に運んだものだった。

けれども。いつのころからだろうか。ごはんつぶどころかお母さん、今じゃあ野菜の皮も根っこもへたも平気で食べちゃうんですよう。

れんこんは皮をむかない。にんじん、さつまいも、じゃがいも、だいこん、たいていむかない。ごぼうは皮つきのままタワシでごしごし擦る。

いやまあもちろん料理にもよるけれど、そのまま蒸したり焙ったり、オリーブオイルでこんがり焼いたり、そんなときはまるごと皮もいっしょ。新聞紙に包んでおいた泥つきを水できれいに洗い流した皮なら、願ったり叶ったりである。

皮と身のあいだには舌に響く味がある。皮つきのまま厚く切って焼いたれんこんにさっくり歯を入れる。噛む。何度も噛む。噛みしめる。と、どうだろう。じわり、じわり、ついぞ知らなかった味が顔をのぞかせるではないか！

皮の味でもない。身の味でもない。それは、まさに皮と身の間から滲み出る味。私は雷に打たれる。これが、ひょっこりすがたを現した野菜の真味ともいうべきものなのだ。

その確信をいよいよ深めさせたのは、かぶりついたなすのへたであった。むっちり太って艶光りする秋なすの漬物に誘われ、思わずへたまでがぶり。しぶとい繊維が歯に抵抗を与え、苦みやえぐみがかすかな灰汁《あく》となって舌の上に広がる。

へたが、ぶすりとひと言呟いた。

「お手軽に『うまい』たぁ言わせんぞ」

それは、茎に身をへばりつかせて風雨をしのぎ、太陽の光を貪欲に浴びて、ようよう収穫の実りを遂げた植物の生命の迫力のほとばしりであった。

トマトの緑のへたも食べてみた。しいたけの軸も、もちろん食べる。だいこんの皮は迷わずきんぴらだ。思い出せば身を捩《よじ》りたくなるほど愛しているのは、根三つ葉の根っこの炒め物だ。根気よくひげ根のすみからすみまで汚れを洗って、ごま油とコチュジャンで甘辛くじっくり炒めて食べます。

ごりごり、がしがし、しわしわ。

歯の間に湧き上がるのは、ほかでもない土の味である。中国明代の書『菜根譚』は「人よく菜根を咬みえば、則ち百事なすべし」という一節に基づく。堅くて筋張った菜根を嚙みしめてこそ、ものごとの真の味わいがわかるのだ、と。

さらには「身土不二」という言葉がある。身体と自然環境は分かつことができないという意味だ。にんげんは太陽と酸素のもと、土の上でしか生きられないのだから、自分の暮らしている大地の営みとは不可分だ。食べものも同じこと。大地で育まれたひとつまるごと、皮も身もへたも根も、いらないものはなにひとつない。それどころか、全部でひとつのバランスなのだ、きっと。

遅蒔きながらようやっとそのことに気がついて以来、私は野菜に包丁を入れるとき、たいそう用心深くなりました。と同時に、灰汁を取るときにもひと呼吸置いて自分に問う。ええと、この灰汁、ほんとうにワルモノなのだろうか。

ことさら澄んだ汁を味わいたいときなら、灰汁はお玉ですくい取る。しかし、たとえばそれがけんちん汁やら煮物であれば気にもかけない。浮き上がった灰汁をうまみの素とばかりにすかさずお玉でひと混ぜ、汁にちゃっかり混ぜてしまう。灰汁も立派な味のうち。いや、そもそも灰汁は邪魔ものなんかではなかったのだ。

はて。ここで愕然として立ち止まる。はたして私は、天然自然の野菜の味というものをいったいどれほど知っているのだろうか。それとも——。

本一冊にくぐもる味と匂い

そうめん。ひまわり。麦わら帽子。ふいに蟬の声を破って、ちりりん、風鈴の音。裸足にサンダルつっかけて表に出れば、「アイスクリン」の旗を翻して自転車が往来をゆく。ああ食べたいなアイスクリン。焦がれてみるが、ワンピースのポッケには一円玉も転がっちゃいない。

絵に描いたようにのんきな夏だった、あのころは。昭和三十七年、八月の空は朗らかに青く、入道雲はぽっかりもくもく白かった。縁側に腰掛けて、わたしは『いやいやえん』のページをまためくった。

暑い夏がやってくると、なぜだろう、遠い昔の匂いがまざまざと蘇る。日向臭いトマトの匂い。プールの塩素の匂い。オレンジ色の「ワタナベのジュースの素」の匂い。水を撒いた夕暮れの庭土の匂い。時分どきの台所の匂い。そして、本一冊一冊にくぐもる味と匂い。

うっかり西瓜の汁が垂れた『いやいやえん』の匂いなら、卵焼きとりんごである。保育園に遊びにきたやまのこぐに、しげるくんがわけてあげるお弁当の卵焼き。お十じの皿に、しげるのぶんだけのっかっていなかったりんご。わたしはお弁当の卵焼きやおあずけを食らったりんごに、ごくりと喉を鳴らした。

おいしいなんて言葉はどこにも書かれていない。なのに、勝手に味や匂いの記憶をこしらえてしまう。どうやらそんな性癖が私にはあるようだ。

たとえば庄野潤三『庭のつるばら』。淡々と綴られる老夫婦の日常にときおり織りこまれる、食べものの情景がある。

「『パン屋さんでパン買うのはたのしい』」

と、店を出てから妻は二、三回いう。

『パン買うのってたのしいわ』

玉葱吊し。

大阪の学校友達でよく畑の野菜を送ってくれる村木から玉葱の箱が届いた。妻は、図書室の軒下に吊す仕事にとりかかる」

こうして買ったパンやからりと乾き上がった玉葱のおいしさを、私はつよく思う。

商売替えを繰り返してばかりいる柳吉が、松炭でとろとろ二昼夜煮つめる山椒昆布（織田作之助『夫婦善哉』）。夜の新宿「ピットイン」で佐藤允彦トリオのプレイを聴きながら啜る「ヒーコー」(殿山泰司『JAMJAM日記』)。水戸まで手を取り合い逃げてゆく新兵衛とおこうが、枯れた草に腰を下ろし、向かい合って食べるにぎり飯(藤沢周平『海鳴り』)……何十冊何百冊それぞれ、胸のふかぶかとした場所に錘を降ろし、しらぬまに棲みつく味と匂いがある。

はっと気がつけばその味や匂いはすでにくっきり輪郭を伴っており、いつのまにやら食べた気になっているのが手前勝手で、妙に可笑しい。しかしながらそれらは、この自分と本だけが密やかに親しく手を結んで紡ぎ出した味であり、匂いなのである。

いやもちろん、味覚そのものをわし摑みにかかる本には無条件にくらくらする。たとえばこの二十年、何度も読み重ねた辰巳浜子『料理歳時記』、辛永清『安閑園の食卓』、古波蔵保好『料理沖縄物語』。岡本かの子『家霊』を開けば、「細い小魚のいのちをぽちりぽちり」「骨の髄に嚙み込」む音が、こちらの骨にも響く。

気が鬱《ふさ》ぐ日、こころが倦む日でも、活字を追ううち味覚の根元を揺り動かす本がある。それどころか、そんな本はたましいの幹にこだまする。

さて。おとなの夏ともなれば、アイスクリンの代わりにハイボールである。薄暮を待ちかねて押すのは、銀座のバー「ロックフィッシュ」の扉だ。バーテンダー間口さんの手によるハイボールのおいしさは無論のこと、私はこの店のメニューを読むのが好きでたまらない。簡潔極まる一行一行の連なりはとめどなく想像力を湧き立たせ、あたかも味わい深い掌編さながら、繰りかえし繰りかえし読んで飽きることがない。

おとなになればなったで、こんな読書の時間があったとは。縁側ではだしの足をぶらぶら、赤い表紙の『いやいやえん』をめくった四十数年前には、ついぞ知るはずもない。

熟れる、腐る

果てる寸前のおいしさ

泣きながら食べていた。

目から涙が勝手にぼろぼろ落ちる。脳天へアンモニア臭がマッハの秒速で駆け抜ける。気絶寸前だ。

熟成発酵させたエイの刺身「ホンオ・フェ」は、韓国・全羅南道木浦で昔から食べられてきた天下の奇食である。おおきな甕にエイと干し草を交互に重ね、数日間冷暗所で保存して軟骨ごと切り身にする。

その刺激臭はこの世のものにあらず。エイの自己消化酵素がおのれの肉を分解し、さらに発酵した菌が体表の尿素などを分解してアンモニアを発生させ、激烈な臭いを生じさせる。嗅いだら最後、アンモニアの乱気流が鼻孔や毛穴から侵入して脳天を打ち、星が乱れ飛び目まいがくるくる。

それなのにおそろしいことではないか。箸は止まらず、マッコリをぐびぐび、はっと気づくと箸のあいだにまたひと切れ。しだいに頬は上気し、舌は痺れ、脳は朦朧と溶け、遊ぶ心地は桃源郷。今宵「ホンオ・フェ」と心中騒ぎなのだった。

くさや。チーズ。納豆。腐乳。キムチ。鮒鮓。魚醬。好きなものが、みな臭い。臭ければ臭いほどがぜん膝を乗り出し、生唾を呑みこむ。困った性分である。

そんな自分の嗜好に気づいたのは、ひとり暮らしを始めたハタチ過ぎだ。漬物。キムチ。ザウアークラウト。ことごとく浅漬がつまらない。そろそろ食べどきかしらと手にとってみる。けれども、匂いに図太さが足りない。単刀直入にいいまして、臭くない。乳酸発酵したがつんとぶ厚い酸味がなければ興醒めだ。だめだこりゃ。「時期尚早」と包みを閉じ、気が長くもないのにがまんの子になってだめ押しの熟成発酵を待ちわびる。よっぽどだな、わたしも。苦笑いしたのは三十一、二の頃、香港帰りのある日のことだ。

塩漬魚を発酵させた中国版くさや「咸魚《ハムユィ》」を東京でも食べたいばかりにはたと思いついたのは、魚の粕漬をわざわざ何ヶ月も放置、いや寝かせて熟成させるという秘策なのだった。ホンモノの「咸魚」には及ばなくとも、ずぶずぶに熟成発酵した強烈な臭さときたら、じゅうぶん満足のいくしろものなのだった。

ホント好きですな。そう言われれば黙っておきくうなずくだけだが、あのう。味噌、醬油、かつおぶし。ふだんあたりまえに食べているあれらだって、味噌も醬油も麴菌、かつおぶしは麴カビ、熟成発酵のたまものだ。

　世界は五つの味で成り立っているという。甘い、苦い、酸っぱい、辛い、塩辛い。いや違う。五つではない、六つだ。六番めの味、それが熟成発酵した「うまみ」という味だ。

　さて、野菜も魚も、旬を迎えればとりあえずそわそわ気がはやる。たったいま勢いよく駆け上がってゆく味を早くつかまえておかなければ。やみくもにあせるわけだが、ちょっと待った。旬が過ぎても、まだそのさきがある。旬ののち、つまり熟れた頃合い。たっぷりと熟れる。熟す。

　それは、頂点に達した盛りがそろりそろり下降線をたどる始めごろ、または静かに滅んでゆくおしまいの手前ごろ。熟れた味わいはあきらかになにかが過剰なのだが、そのなかにひっそりすがたを隠しているのもまた、「うまみ」である。

　真冬日の夕暮れ。背後でぼしゃりと鳴る音の不穏な気配に、あわてて振り向く。頭上の大木の枝にへばりついていた柿がひとつ、ずっぽり落ちて土の上に雪崩れていた。滲んで広がった晒柿《ざれがき》の汁の、割れ出た実の、そのぐずぐずに熟れた甘さはいかばかりか。針が振り切れたような過剰さに、たまらず生唾が沸く。

　果てようとしている、その瞬間にもおいしさというものは、ある。最後の最後、深くくぐもる臭いもまた、おしまいだからこそ開く味わいだ。

旬がいいのはあたりまえ。勝負は旬が過ぎてから。ただし、熟れるか、腐るか。明日はどっちだ。

醬油

一滴か、二滴か。油断禁物

わさびを醬油にとく。それとも、わさびをのせた刺身を醬油につける。はて、どっちが刺身はおいしいか。これはもう世論沸騰、みぎひだりに袂を分つところだが、結局は「時と場合とお好みしだい」の鞘におさまるようである。

ただし、醬油の立場に立ってみればおちおちそうもいっていられない。だって、わさびをといたあとの醬油はすでにほんらいの醬油の味とはおおきく違っているのだから。

そもそも醬油は、それじたいがおいしい。もうとんでもなくおいしい。

あらためて醬油をぺろり舐めてみれば、思わず動転するほど過剰なうまみが舌先を刺激する。「わたし調味料です」と台所の役割分担を隠れ蓑にしているが、じっさい醬油にそなわったうまみ、おいしさというものは気恥ずかしくなるほど華やかで強引だ。侘び寂びなぞ遥かかなた、醬油わずか一滴二滴たちまちあでやかな秋波をふりまく。

だからこそ、醬油がなければどうにもこうにも。そんな味がいくつもある。

卵ごはん。焼きおにぎり。山かけ。焼きなす。すじこ。焼き海苔。干もの。焙った厚揚げ。磯辺焼き。もちろん刺身。まぐろの赤身など、醤油の風味を欠けばおいしさは半減だ。醤油ちょろり、溶き卵のからんだごはんも熱いなすもこんがり香ばしい干物もそれぞれに持ち味は水際立ち、おおきく花開く。

そうなのだ。ここが醤油のえらいとこ。自分だけ賢いところにちんまりおさまらず、関係各位の巧さもいっしょに引き上げる。おそるべき希有な才能の持ち主なのである。けれども。天才はときとして疎んじられもする。醤油だって、相手を無惨に殺してしまうことがあるから。

からすみ。枝豆。銀杏。生がき。とんかつ。どれにも醤油は天敵だ。または、冷や奴。醤油は冷や奴につきものだが、大豆のしみじみとした甘さを踏みにじらぬよう、できる限り最小限にとどめなければ。または、おひたし。ときおりほうれんそうや三つ葉のおひたしに醤油をじょろっと回しかける様子を目撃すると、襲いかかって醤油差しを奪い取りたい衝動に駆られる。あれはいけません。もろとも醤油まみれ、味も香りも色もすべてが醤油一色になぎ倒される。

何年かまえのことだ。沖縄・大宜味村で暮らすおじいが昼ごはんをつくってくれるというので、いっしょに台所に立ったことがある。

「チャンプルーはわしの得意料理さあ」

ちぎった島豆腐を炒め、ゴーヤーともやしを炒め、溶き卵を回しかけ、泡盛と塩をふり、醬油差しを握る。そのときおじいはこちらを振り返っておもむろに言った。

「醬油はよ、ほんの香りづけよ」

味をつけるのではない、香りをつけるだけにとどめる。それがおじいの流儀だ。続けて、言った。

「内地の料理、あれは味が濃すぎてよう食べこなせん。どれも醬油の味ばっかりしようる」

おなじせりふを、私は沖縄のあちこちで繰り返し聞いたものだ——「味つけを醬油に頼ると、素材がだいなしになってしまう。醬油は香りをつけるくらいがちょうどいい」

蒙を啓かれた。なるほど沖縄で食べるチャンプルーもそーみんたしやーもソーキ汁も、つかう醬油はごくわずか。もしくは、内地なら醬油を当然のようにつかうところを、いっさい醬油なし。しかし、そのぶん素材の風味やだしの味わい、塩のうまみまでちから強く迫る。

醬油をつかわないのも、醬油の生かしかたのうち。そんな禅問答のようなせりふさえ脳裏に浮かべ、襟を正して醬油ほんらいの華やかなうまみを再認識したというわけなのだった。

ちょろり。たらり。たとえほんのちょっぴりだって、醬油のかげんは存外むずかしい。

うっかり油断してはいけない。醤油は万能調味料というけれど。

冷やごはん

炊きたての裏側

もくもくと食べる。なにもかんがえず、ただもくもくと食べる。

おいしいとかまずいとか、もう少し薄味ならいいのにとか七味があったらとか煮過ぎじゃないのとか、いっさい頭に浮かべない。もくもくと箸を動かす。すると、静かに充ちて落ち着く。

冷やごはんは、たとえばそういうものだ。すっかり冷えきって、釜のなかでごろごろごわついている。炊きたてのあの湯気も艶やかなひとつぶひとつぶの輝きもすっかり消え失せ、しんねりと固まっている。

そこをすくって碗によそう。佃煮か漬け物が少しあればじゅうぶんだ。おかずも釣り合わず、じゃまである。冷たいままの碗を肌の熱を伝えるようにして持ち、もくもくと箸を動かし、口に運ぶ。

卒然として教えられた。

ある昼下がり、ひとりで冷やごはんを食べていたら、ごはんの味が違う。炊いて蒸らしたばかりの熱いおいしさにはまるきり遠いが、しかし、それまで知らなかった味わい、ついぞ気づかなかったおいしさが冷やごはんにはそなわっていたのである。

米は冷えてから味がわかる。貯金は減ってからありがたみがわかる。冷えびえと鈍重なごはんには、しかし、嚙みしめるうち芯から厚みのある甘さが滲む。粘りが強くて低アミロースの米が冷やごはんに向くというけれど、向く向かないの話ではない。ごはんが冷えれば、じんわりじんわり、米の奥に潜んでいたものが正体を露わにするのである。

子母澤寛の著作に「冷や飯に沢庵」という聞き書きの一編がある。増上寺の大僧正が言うことには、飯は冷や飯に限る。「本当の飯の味が知りたいなら、冬少しこごっている位のひや飯へ水をかけて、ゆっくりゆっくり沢庵で食べてみることじゃ」

それ以来、子母澤寛は冷や飯しか食べられなくなってしまったというのである。

なんだかわかるような気がする。炊きたてのごはんを表とすれば、冷やごはんはもう片方の裏の顔だ。しかし、その裏の顔にこそいちばん近い真実が隠れているとしたら――。

ところで、冷やごはんではなく、冷や飯と呼び名が変われば浮き世のしがらみがじっとりまとわりつく。「じつは会社で長らく冷や飯を食らっておりまして」。おとうさんは愚痴がわりの苦いため息を吐き出す。「冷や飯食い」といえば、居候暮らしのこと。みなみなさまに先を譲り、すっかり冷めたころおずおず差し出す碗にもっさりぞんざいによそわれるのは、冷や飯である。

好きこのんで食べるなら、冷やごはんはうまいなどとのんきなことを言っていられるが、それが割を食ったあげくの不遇であれば、冷や飯はいまいましい存在でしかない。

ただし、窮余の策はある。茶漬である。チンするキカイもなかった江戸時代には、町のあちこちに茶漬屋があった。小腹が空いたときや虫養いに、漬け物や素菜をのせて熱い茶をかけまわし、ざっざっざっ。音を立てて小忙《こぜわ》しくかきこむ茶漬は、せっかちな江戸っ子にぴたりときた。または今日び、水分も抜けてがちがちに硬直した冷やごはんなら、ほぐして炒めてぱらりとほどける炒飯に絶好だ。

とはいえ冷やごはんにも賞味期限というものがある。その味わいを堪能するなら、冷めてからせいぜい半日か、ひと晩のうち。そんな冷やごはんは酒の肴にもよい。

酒を切り上げるのに、締めくくりにあたたかいごはんと熱い汁では、ちょっと。酒の最後はにぎやかに盛り上げておしまいにするのは性に合わない。どちらかといえば、ゆっくり萎《しぼ》むように沈鬱なかんじでしずしずと終わりたい。

そこで冷やごはんの出番だ。小ぶりの碗に冷やごはんをよそい、箸で少しずつすくい上げてはもそもそ口に運ぶのである。

そういえば、宿酔《ふつかよ》いの朝の情けなさにしっくりくるのも冷やごはんである。

キレる力を!

注ぎ口
ぴしゃり、キレる力を

醬油注《つ》ぎに「これだっ」と白羽の矢を立てたのは十五年ほど前だ。ではそれ以前に何を使っていたか。もう一向に思い出せないほどすっかり居場所におさまってしまった。本体は白い堅牢なセラミック、注ぎ口はシリコンゴム。尻洩れ、見事に一切なし。

傾ける。ちゅーっ、と勢いよく流れ出す。

もとに戻す。すーっ、すぱっ。流れがぴしゃりとキレる。

注ぎ口はキレのよさで勝負が決まる。潔さがすべてです。しかし、どれもこれもそう上手くはことが運ばないんだな。

傾ける。ちゅーっ、と勢いよく流れ出す。もとに戻す。ここまではよろしい。しかし、そのあとが問題だ。

だらだら。たらーっ。流れはだらしなくそのまま続き、雫《しずく》はでれんと注ぎ口の下をつたう。できのよろしくない奴で醬油なんか注いだ日には食卓に茶色いわっかのしみなんかできて、そりゃあばっちい。朝ごはんの爽快な気分もぶち壊しだ。

おっといけない、腹立たしさが蘇ってきてしまいました。ついでにいえば、尻洩れする片口は、注ぐたびに無駄な酒をこぼす。そのうち卓がべっとりして、じつに不愉快極まりない。急須もおなじだ。最後に愚かしくもじょぼり零《こぼ》れれば、せっかくおいしく淹れたお茶にケチをつける。ワインだって、雫がボトルの脇をたらーり。あ、これは私の注ぎ方が下手なのでした。

そうなのだ、注ぎ口というものは、上手くいきさえすればとりたてて何の意識にも上らず、声高に騒ぎを起こさない。ところが、いったん気に障り始めれば、これほどいちいち神経を逆撫でしてくれるものもない。でまた、いろんな注ぎ口があるものだから個性も千差万別、手加減ひとつでキレの良し悪しはひとつひとつ全く異なる。そこがまた難物で——。

手っ取り早く結論から言おう。薄め。少々長め。多少の角度がある。口の先端が外や下側にめくれていない。このあたりが、尻洩れしないための最低条件である。いろんな注ぎ口とおつき合いさせていただいて、地団駄もたくさん踏んで少しずつ学習しました。

結局注ぎ口というものは、中身の分量と口を通る分量との相関関係を背負っている。だから長さと角度の関係だって、じつに微妙だ。水圧がかかるほど流速がつくから、戻る力（つまりキレる力）もそのぶん強くなる。だから、流速に加勢するだけの長さがあるほうが好都合なのだ。しかし、注ぎ口が上へ向き過ぎていれば流速に制御がかかり、おのずとキレは悪くなる。先端が外にめくれていれば、キレ味も削がれてしまう。そして、ぼってり肌が厚い土ものの陶器より、薄い磁器や金属のほうが流れをぴたっと寸断してくれるのは、道理でしょう？

とまあ、いったん注ぎ口ひとつに考えを巡らせ始めれば、きりがない。要はうつわ全体、道具全体の容量とのバランスがとれているかどうか、ここが肝心になるわけですが……そんなの、使ってみなけりゃわかんないよねえ。

食器棚の中に、ずば抜けたキレ味を持つ片口が四つばかり並んでいる。伊豆と茨城の陶芸作家二人の手によるものだ。酒でもドレッシングでも醤油でも、感嘆の声を上げたくなるキレのよさ。雫一滴たりとも垂れる光景を目にしたことがない。完璧である。あまりのすばらしさに、思わず理由を問うてみたことがある。

すると驚いたことに、異口同音に彼らは答えたものだ。

「だって、自分が酒を飲むときにキレなけりゃ腹が立つからねえ」

こと片口については、酒呑みの作家のものを選ぶとよいようです。

さて、醤油注ぎは同じものを買い替え続けて三代め。ステンレスの片口もボトルに差したオイルの栓も、今日も今日とてぴしり、ぴしりと容赦なくキレまくっております。

台所ではキレる力を！

調理スプーン

もうひとつの掌

すいっと手を伸ばすと、いつでも必ずそこにいる。たとえ目をつぶっていたとしても、後ろ向きの手探りだとしても。

「おーい」とひと声、すると「いつものあれ」は押っ取り刀で駆けつけ、懐に飛び込んできてくれる。そんな頼もしい助っ人があなたには何人いますか？　とはいえ調理スプーンのことなのですが。

この私の背後には精悍な偉丈夫、つまり有能な調理スプーンが勢揃い。連日今や遅しと出番を待ち受けている。痒いところに手が届くめっぽう気のつく伏兵といえばあれだ、ステンレス製のジャムスプーン。日本製です。

先っちょは小さなうちわが斜めに切れたような直線、さらに左右のカーヴが微妙に違う——台所用品売り場で目にした途端、第六感が騒いだ。

その翌朝。冷蔵庫から折しも残り少ないマーマレードジャムの瓶を取りだし、いざ。

長い柄を差し入れ、底の縁につけてぐりぃーっと回してみると……。平たい瓶の底も、まあるい瓶の角も、ジャムスプーンの直線と曲線が同時にぴしりと捉え、へばりついたジャムをたちどころに一掃。たったひと掻きで、すっきりきれいに片づいてしまった。

胸がすくとはこのことだ。その日までは、長い瓶の首にくちばしを突っ込んで悶絶するツルさながら。スプーンを突っ込んで振り回しても瓶の底のジャムは微動だにせず、何度悔しさに涙を飲んだことか。ところが、この一本さえあれば――。

調理スプーンひとつ、かつて味わったことのない壮大な達成感である。直線と曲線の妙味に溜飲《りゅういん》を下げ、ジャムだけで終わらせてはおくまいぞ、タレもペーストも瓶を手に取るや、すかさずこの一本を右手に握るのが習慣となった。

さて、たった一本で多彩な頭脳プレーを繰り出す世界一の巧者を忘れてはならない。韓国のスッカラである。すくう。混ぜる。押す。切る。かける。分ける。抑える。ひっくり返す……たとえばこれらの動作を的確にすばやくやってのけるのだから、おのずと手が伸びるのは当然のことだろう。

スッカラは、そもそも韓国の食卓で使われるスプーンである。ぺたんと平べったく、先端がわずかに尖っており、口にすっぽり入る大きさ。一見なんの変哲もないこの平たいスプーンは、常に箸とセットで食卓の上に置かれる。ただし、食卓で行われる動作のほとんどを担うのは、スッカラ。一方のチョッカラ、すなわち箸は「つまみ上げるための道具」に甘んじている。

「つまみ上げる」以外、食卓ですべての作業を一手に引き受けるスッカラは、台所でも八面六臂の活躍ぶり。タレをすくう。調味料を混ぜる。ソテーをフライパンに押しつける。くっついた目玉焼きの端を切る。ソースをかける。うつわに和えものを取り分ける。卵焼きをひっくり返す……できないことがない、と言うほうが手っ取り早い。

同じスプーンのかたちをしていても、スープを口に運ぶための深く容量の大きな欧米のスプーンとは意味も機能もまるで違う。そのことに思い当たって、あらためて思い知る。アジアの台所道具がこの日本の台所にもすんなり馴染み切ってしまうのは、文化の連なり、食の重なりのなせる技なのだ。

調理スプーンたった一本で、胸のすくような爽快さ。その心地よさを初めて味わったのは、じつはベトナムの台所であった。

その軽さ、その平たさ。握りながら思った、これは何かに似ている——。

あっ、と私は声を上げた。自分の掌だ。掌が調理スプーンに変身したかのような、この一体感。そうか、調理スプーンというものは「第二の手」であったか。

気に入りの調理スプーンを見つけよう。自分のからだの延長線は何本あっても困りません。

ザルとボウル

サイズ違いを三つずつ

月と太陽は交代に世界を照らす。アリとキリギリスは働きものとなまけもの、イソップ童話のおはなし。海彦山彦伝説は日本書紀の神話。兄、海彦の大切にしていた釣り針をなくして途方にくれた弟、山彦が海辺で泣いているところに塩椎神《しおつちのかみ》が来て舟を与え、山彦は窮地を救われる。

ならば、ザルとボウルはどうだ。

ザルは、よけいなものを「通して落とす」。そのいっぽう、ボウルは「溜める」。そもそもまるきり反対のしごとを担っているのが、このふたつなのである。とはいいながら、わたしの台所ではザルとボウルは月と太陽さながら、ふたつでひとつ。一心同体である。

そのことをもっとも実感するのは、たとえばだしを引くときだ。朝一番の味噌汁をつくる。起き抜けに自動的に台所に立ち、鍋に湯を沸かして一番だしを取ります。かつおぶしをひとつかみ、ひと呼吸置いてから火を消すと、鍋のなかで躍っていたかつおぶしの威勢がおさまり、すーっと沈む。そのタイミングを見計らって、かつおぶしごと鍋のなかの一番だしをぜんぶ、ボウルにかませたザルにざあっとあける。

ザルにはかつおぶしが残る。下で待ち受けるボウルには、だしが溜まる。そのだしを再び鍋のなかへ戻し、ザルに残ったかつおぶしをぎゅっと搾って、濃いだしを足す――ザルとボウルの連係プレーを得て、しごとの流れにいっさいむだというものがない。胸のすくほど手早い毎朝の一連の作業なのである。

まあアナタそんな乱暴に、だしをザルとボウルで、あらあら。眉をひそめる向きもおありでしょう。けれども、わたしはへっちゃらだ。だいたい、だしを特別なところに格上げしようとするから気ぶっせいになる。湯を沸かすように気楽にだしを取りたいから、わたしはいつものザルとボウルに手を伸ばすのだ。

ただし、ザルはステンレスのパンチングザルを使う。ステンレスにぽこぽこ無数の穴を穿っただけのザルだから汚れにくく、匂いがつかず、ごみが絡まず、洗いやすく、乾きやすく、だからいつでも清潔で、長年使い続けているのに新品同様だ。

ことのほか目下のザルを重宝に思うには理由がある。十五、六年前、わたしは思い立って竹のザルを使おうと試みた。昔なつかしい日本の生活道具をわが暮らしに復活させてみたかったのである。

しかし、その計画はあえなく頓挫した。窓を開けなければ風も通り抜けない気密性の高いマンション暮らしでは、竹のザルはいつもなんとはなしじめじめ湿っぽい。からりと乾いたところを気持ちよく手に取りたいのに、台所しごとの始まりに手先に不満がくすぶった。木と紙でできた日本家屋ではじゅうぶんな働きをする道具でも、住まいや暮らしぶりが変わればおのずと不都合が生じる。

台所道具は自分の暮らしに添うものを。竹のザルが教えてくれたことである。

さて、いっぽうのボウルは半透明のプラスティックである。ふだんプラスティックを選ばないのに、ボウルだけ、なぜ。はたと腕組みして気づくのは、それはザルがすでにステンレスだからなのだった。

両方いっしょにステンレスでは重量感がいや増す。片方はステンレス、片方はプラスティック。このふたつは、知らぬうち自分なりに計った手持ちの重さのバランスではなかったか。

大きさ違いのザル三つ、ボウル三つ。米を研ぐのも、ゆでた青菜をザルに上げるのも、うどんやごぼうを水にさらすのも、麺の湯を切るのも、餃子の皮をこねるのも、つまり「通して落とす」のも「溜める」のも、すべてを総計六個だけでまかなう。ときには一心同体となって、だしはもちろん、じゃがいものマッシュを受け止めたりもする。

きっぱり三つずつ、それ以上も以下もなし。わが台所のザルとボウル問題を一気に終了に持ちこみ、片をつけた。
それが八年ほど前の話である。

塩壺

台所の大黒柱

打ち出の小槌は本当にある、と腰を抜かしたのは五歳のときだった。ぽかぽか陽気のいい昼下がり。祖父が縁側で煙草をくゆらせている。私はその膝の上に乗って言ってみた。「お菓子食べたいな、おじいちゃん」。すると、祖父は懐から財布を取り出した。「お母さんにないしょだぞ」。私は何枚かの十円玉を握りしめ、生まれて初めてひとりで駄菓子屋へ走った。縁側でいっしょにあめ玉をしゃぶりながら、またすがってみた。

「ほかのお菓子も食べてみたいな、おじいちゃん」

「絶対にないしょだぞ」

こうして再び財布は開かれ、私は転がるように駄菓子屋へ突進した。祖父の財布は「打ち出の小槌」そのものだった。

そんなむかしの記憶が蘇るのは、塩壺を洗うときである。塩壺を洗うのは半年に一、二度。首尾よく中身の塩がすっからかんになったタイミングを好機とばかり、塩壺の中も外も蓋もごしごしきれいに洗い上げて乾かす。ひと晩置いてさっぱりと乾いた塩壺は、まるで散髪したてのようなせいせいとした顔つきである。布巾で磨いて新しい塩をザザーッと景気よく流し入れながら、必ず同じことを思ってしまう、「打ち出の小槌にも底はある」。

塩壺は台所のあるじである。そもそも出雲・出西窯《しゅっさいがま》のシュガーポットはこの民窯独特の優しい土肌に穏やかな釉薬をまとっており、出合うなり長年探し続けてきた塩壺に、と直感した。以来八年。手を滑らせて蓋を割っても強引にくっつけて使い続けてきた。なにしろ、とことん働き者である。土肌が自然な吸湿発散を繰り返し、塩が自在に呼吸を繰り返している。そして今では定位置にどっかり腰を下ろしてあたりを睥睨《へいげい》し、用があれば「ハイヨ」。気さくに惜しげなく塩を差し出す。たとえ味噌醤油が切れても、塩さえあれば。だから塩壺はすべての礎、日々をまたぐ力の源泉の如き打ち出の小槌であってほしい。

一年三百六十五日、日々何度となく塩壺の蓋に手をかけ、塩を取り出す。塩壺はふたつ。ひとつは辛さがとんがったしょっぱい塩、もうひとつはうまみの深い塩。もう何年も、このふたつの塩のコンビネーションを繰り回してきた。ところがちょうど一年前、遠路アイルランドより新星現る！

それは、静かな田舎町シャナガリーの雑貨店の片隅に肩を並べていた。潜水艦の潜望鏡？　消火栓の先っちょ？　アゴがはずれた大ヘビ？　ためつすがめつ何度ひっくり返してみても、その使い道の想像はつけられなかった。

「そいつはね、塩や粉の入れ物だよ」

店主が明かした。

「大きな口が開いているから片手をそのままつっこめる。レイジー・ポットといいます。このあたりの田舎に、昔からある台所道具です」

なるほど、と唸りました。はて、持ち帰るか否か。買物は電光石火、即断即決を座右の銘とするこの私も迷いに迷った。だって、すでに台所にはあるじが肩を揃えている。そこへ飛び入りを増員するなど非道な仕打ち。そのうえ湿気の多い日本の気候にあって常時開放式では、すぐ塩は湿気てしまうのではないか？

けれども、杞憂でした。アイルランドの塩壺は、ぱかっと大口開けながら中身は湿気もせず、調理中でも手をすいっと伸ばせば塩がすぐさま摑める——もう手放せない。

こうして、塩壺は三つに増えてしまった。新入りのアイルランドくんに収容されたのは、炒めものや青菜をゆでるときあっというまに溶けながら適度な辛みを持つ、用途の広い塩。三つが壁際に行儀良く整列して、元気に毎度のお呼びを待っている。

トング

誰にでも優しいデザイン

夕飯の鍋のために豆腐一丁、食後のきんとんのためにさつまいも一本。たったそれだけの買物の帰り道、通りがかった工事現場の立て看板がふと目に入る。

「×月×日　足場組み立て完了」

ああ、ここにマンションが建つのだな。予定表の次の項目に視線を下ろす。

「×月×日　大工乗り込み」

ううむそうだったか。大工はふんどし引き締めて現場に「乗り込む」ものだったのだよ。とたんに、ただの空き地にリアルな緊迫感が走る。

ならばサーバーはどうだ。あれまあずいぶん唐突な、ですって。ところがそうでもないのです。

サーバーは「はさむ」のか「つまむ」のか、はたまた「すくう」のか。そのへんがいまだ釈然としない。または、テーブルで使うなら「置く」のか「添える」のか、それとも皿に「差し込む」のか。できればそのあたりもはっきりしていただきたい。そういう気がするわけです。

するりと溜飲が下がれば、扱いようはもっとましになるんじゃないの。そういう気が
食卓で食べものを取り分ければ、手もとは痛いほど視線を集める。一挙手一投足はおろか、口の端の筋肉の小さな動きにまで注視を集めるバッターボックスのイチローさながら、手さばきを一同固唾《かたず》を飲んで見守る……ような気がするわけです。いや、流麗なフォームが披露できるなら、なんの不都合もないのだが。

そんな強迫観念に囚われるのは、とにもかくにもサーバーという道具のせいだ。珍しくわたしは責任逃れの態勢である。巨大なスプーンと巨大なフォーク、このふたつが結束して横たわる姿にはおじけづいてしまう。

グリーンサラダ。しっかり捕獲したつもりなのに、移動中に脱走した群れがぼろりテーブルに落下する。底に残ったレタス一枚、クレソンひと茎。つかみたいのにつかめない。ソースのかかったスパゲッティ。もう最悪の事態である。平等に取り分ける責任を負わされた立場のこちらはいらいらばかり募って、歯ぎしりする。何度煮え湯を飲まされたことか。いや、座ってさえいればいいお姫さまなら、知らないですむ苦労なわけなのだが。

と、ここまできて考えこむ。おせっかいはたいがいにしておけばいいのだ。なにも自

分がせかせかやらずとも、ひと呼吸耐えれば、誰かが面倒見てくれる、横から助けの手が伸びる。ヨノナカそういう仕組みになっている。しかし、ヨノナカの仕組みに乗っかるのがつい気に障ってしまう者は、苛立ちを黙っておさめ、今日も今日とて果敢に挑戦するほかない。

ところが、その窮地に手を差し伸べてくれたスーパーマンがいる。トングである。

ふたつに分かれていたサーバーが、あらかじめひとつに合体している。たったそれだけで相当に救われるというものだが、トングが誰にでも平等に優しいのは、扱うひとの都合ひとつで力の塩梅が自在になる、そこのところだ。

つけ根を基点に、トングの先っちょの角度はお好み次第。ひゅーっと力を入れれば、そのぶんだけひゅーっと角度は縮まり、だから途中で不意の脱走に泣きを見ることもなければ、薄いレタス一枚取り損ねて苛立つこともない。

取りたいぶんだけ、ぴたりホールド。トングを握って感じるのは、まるで自分の指がつうーっと伸びたような快感だ。「はさむ」のか「すくう」のか「つまむ」のか依然不明は解決せず、さらには「人前でしくじる」という地雷の多いサーバーとは、天と地ほどの差なのである。

しかしながら、と思い至る。サーバーにさんざん翻弄されてきたからこそ、トングの便利さがありがたい。苦労はしてみるものなのだった。

まな板

木は再生する

十日前、削りに出していたイチョウのまな板がわが家に戻ってきた。三年ぶりの養生である。まるで留守をしていた子どもを抱き入れるように包み紙を開けると……つるつる、すべすべのまっさら！

表面を削ったぶんだけ厚みが薄く、脇の黒ずみを削ったぶんだけわずかに縦長。肌荒れ気味の様子も無事に回復して、ぴかぴかの凱旋である。

木は再生する。生まれ変わる。いや、わざわざ養生の旅に出さなくとも、日々再生を繰り返している。木のまな板は、呼吸しているのだ。

そのことに気づいたのはもう二十年も前、ある夏の日の夕方だった。縁側の片隅にまな板を立てかけたまま出かけた。子育てと仕事にまみれて青息吐息の日々、まな板をおてんとさまに干せば、くたびれた自分自身もカラリと気持ちよく乾く気がした。

しかしながら、それはとんだ愚計であった。天日に当たった側を上にして青じそを刻んだら、なんてこった、包丁の刃がまな板に当たらないっ。真夏の強い直射日光に丸いちにちさらされてイチョウのまな板は微妙に歪み、反ってしまったのだ。

あわてふためいて頭をひねった。ない知恵を必死で絞ったあげく、私は挑戦に出た。「もう一度まな板を湿らせ、今度は反対側を天日に干してみよう」。荒療治がまんまと成功すれば、おなぐさみ。そして翌日の結果は……綱渡りはどうにか終わった。

教訓。まな板は陰干ししなくてはなりません。復旧したイチョウのまな板に頬ずりしながら私は知った。木は再生する。呼吸しているのだ、と。

包丁でキャベツをざくざく、玉ねぎのみじん切りをトントン、かぼちゃをざっくり。すると、まな板に荒々しいキズあとがつく。けれども、水分や湿気を吸収した木は自然にふくらみ、表面に刻まれた無数のキズは乾きながら再び閉じる。包丁の背でしごけば、キズの中の汚れも外に出てしまう。吸ってー吐いてー。自分で自分を手入れして、修復してしまうのですね。一日の台所仕事を終えて隅に立てかければ、自然に水が切れ、翌朝にはカラリと乾く。賢いなあ。

ただし、一枚板でなければこうはいかない。木をはぎ合わせた合板は、何年もの間に木の継ぎ目にヒビが入る。考えてみれば当然だ。水分吸収や伸縮率が微妙に違えば、それぞれに不協和音が生じる。それもまた、木が生きているからこそ。

さて、台所仕事を始めるときの合図は、まな板に手をかける瞬間である。よしッ今日も元気にゆくぞ。おいしいもんつくるぞ。そういう気持ちに威勢がつく。

しかしながら、条件がある。まな板の大きさと素材の分量がぴしゃりと合うこと。だってトマトひとつ切るのに、重くて大きなヒノキのまな板は無用でしょう。逆も然り。うっかり小さなまな板の上で玉ねぎのみじん切りなんか始めてしまった日には、イライラ爆発。あたりに飛び落ちるみじん切りにあざ笑われて、なんともくやしい。

レモンの薄切り、きゅうり一本の乱切りにかまぼこ板。長細い魚を切るなら、ひょろんと縦長のイチョウ。刺身のサクを切り分けるときは、ヒノキの大きいの。濡れた木は素材の水分と互いに吸着し合い、ぴたりとくっついて動かない。これです。台所仕事はさくさく小気味よく。こうでなければ。

ただし、そのために私はたいそうなまな板持ちになってしまった。ヒノキ、イチョウ、ホオ、カエデ、トチ……いろんな大きさのいろんな木が、そのときどきの出番を待ち受けている。旅先で「イケそうだ！」と閃いて連れ帰った木っ端も、懸命にがんばっております。

ガツンと包丁を振り下ろす。その力の勢いを、ふわりと柔らかく木が受け止めてくれる。手に伝わるこの安心感は、私の台所しごとの大切な右腕である。

蒸籠

まあるい味が生まれる

冬の朝、起きたらすぐやることは。

鉄瓶を火にかけ、前夜汲み置いておいた湯を沸かし直す。その次。冷蔵庫の上に両手を伸ばしてよいしょ、と中華鍋を下ろす。上にのっけた蒸籠《せいろう》もいっしょに。そして、鍋にたっぷり水を張って強火にかける。

鉄瓶と蒸籠がなかよく隣どうし並んで、白い湯気を昇らせる。これが冬の朝の毎度の風景である。

鉄瓶で沸かした白湯《さゆ》を二杯か三杯。ひと心地ついたら卵を三個溶きほぐし、鶏ガラスープと塩、ほんの少しの醤油を加えて混ぜ、どんぶりに注ぎ入れる。じゅうぶんあったまった蒸籠のなかにどんぶりを置いてから、待つこと十五分。

「できたよー」

五臓六腑にしみ渡る朝のほっかほか、いつもの卵蒸しができました。あとはその十五分の間につくった味噌汁と土鍋ごはんと、昨夜の残りの煮物でもあれば。朝のドラの音を聞きつけてみなが食卓に集まってくる。

「カラダの芯まであったまるねえ」

——朝っぱらから蒸しものですかい、ですって？　いや、わかります。九年前なら私も先陣切って「うっそー」とつぶやいたに違いない。

だって蒸籠わざわざ捨てたんだもの、そのころ。直径二〇cm。どんぶりなど入るはずもなく、肉まんだって二個でぎゅうぎゅう。その中途ハンパな大きさに腹を立て（選んだのはこの自分だ）、「もういらん」と引導を渡したのだった。

それから数年後。とある中国料理店の厨房で蒸籠が獅子奮迅の大活躍をしている一部始終を目の当たりにして、私は直ちに改心した。

「もういっぺん、買うぞ蒸籠！」

今度は直径三〇cm。深さもたっぷり。と同時に、この蒸籠をのせるための大きな中華鍋も揃えました。

いや、それからがアナタ、愛と蒸籠の日々。朝も夜もひとりのお昼も、蒸しもの指数は飛躍的な右肩上がり。うちで味わうおいしさには驚異の奥行きが生まれた。だいいち蒸籠を再び手にしなかったら、野菜の真味に一生私は出逢うことはなかった。

キャベツ。ブロッコリー。カリフラワー……もうもうと湯気を上げる蒸籠に野菜を切って放りこむ。里いもだって、ねぎだってどんどん蒸します。そして、熱々に塩をふる、オリーブオイルをたらす、コチュジャン風味のたれをつける。じわーっと口のなかに広がる甘みやほのかなえぐみ、土くささ。それは、炒めても煮てもついぞ体験することのできなかった味わいなのだった。

その驚きを再出発点にして豚肉を蒸したり、豆腐を崩してあさりや帆立といっしょに蒸したり、魚をまるごと蒸してみたり、新顔が続々誕生。週末には、鶏の蒸しスープなんかにも挑んでみたりする。長年ごぶさたしていた中華おこわも蒸しプリンも、晴れて復活を遂げた。

なんといえばよいのか、蒸籠で蒸すとじわーっと味わいが深くなる。雑味がなく、透明に澄んでいる。さらには、尖ったところがまるでなく、むしろまあるいふくらみが出る。「ヘルシー」のひとことで片づけてはいけません、竹が余計な水分を見事に吸収し、蒸気のチカラが新しい扉を開くのだ。

――と、そんなわけだから朝起きたての蒸籠も「うっそー」ではありません。えーと、今朝は卵蒸しどんぶりの隣に冷蔵庫の焼売と乱切りれんこんを転がして蒸してみた。手間かけてなくてすみません、蒸籠たったひとつであったかな朝ごはん、いっきに一丁上がり。

それは、一度蒸籠を打ち捨てた苦い過去を持つ私だからこそ、しみじみ満喫するよろこびというものかもしれない。若気の至りで出奔して、再びおずおず舞い戻ってみたら「よしよし」と懐に抱きとめてもらえれば、そりゃあ涙にも暮れる。

竹の皮

素朴な風合いのラップ

「お弁当はね、大っ嫌いだったんです」

カシハラさんがそう言い出したので、私はコーヒーカップを持つ手を止めた。

「私のお弁当、ずうっとおばあちゃんがつくってたの。いくら嫌だと言っても、いっつも新聞紙に包んであってね、必ず茶色の汁が染みてた。蓋を開けると、なかのごはんもおかずも煮染めた茶色一色で」

恥ずかしくて恥ずかしくて、教室のすみでひとりお弁当隠して食べてました。高校といえば、まっ先に暗いお弁当の時間を思い出すんです。苦笑いするカシハラさんはまだ三十代半ばなのだから、ほんの十数年前のことだと思えば一笑に付すのはさすがにためらわれた。

封印していた「涙の弁当話」をひとしきり披露したあと、彼女は突然思い出したようにこうつけ加えた。

「極めつけはね、おにぎりを竹の皮でくるんで持たされたときですよ」

脚絆姿で旅に出るのでもなかろう。登山の朝でもなかろう。女子高生がもっさり重い竹の皮の包みをね……私はなおさら言葉に詰まる。遠い目をして大きなため息をつく彼女に、「いやいや、ところがアレは便利なもので」などと言い出せるはずもなかった。

ついおととい も竹の皮を使った。焼売を蒸かす段になって、やっぱりあれだ。竹の皮をさっと濡らして布巾で拭き、十個並べてきゅっとひもで縛《ふ》り、包んだ竹の皮ごと蒸籠のなかへ放り込む。蒸し上がれば、そのまま皿にのせて食卓へ。竹の皮で包んで蒸し上げる知恵は、台湾のちまきに教わった。中国ちまきをつくるときはもちろん、冷たくなったおこわをあっためるときなんかも、竹の皮に包んでほかほかに蒸します。

皿にべっとり貼りついた熱いラップをむにゅーっと剝がす瞬間が苦手なんですよ。内側から火傷しそうな蒸気がバクハツする瞬間なんか、もっと困る。などと言えば「またまたなにを潔癖なふりして」と陰口のひとつも叩かれそうだが、いや、ここは竹の皮の名誉のために断固反撃に出ておかねばなるまい。

ラップをかけて蒸す。すると、ラップの内側に水滴がびっしり溜まって、剝がすときに皿のなかがびしょびしょに濡れるではありませんか。ところが、竹の皮はどうだ。強火でがんがん蒸しても一切へこたれず、それどころか中身はむっちり熱く蒸し上がるのに、内側に水滴など溜まりもしない。竹の皮一枚、余計な水蒸気をみずから吸収してくれているのだ。金属の蒸し器は「水滴落下防止対策用」に蓋に布巾をかませなければなりませんが、竹製の蒸籠ならなにも必要ない。これと同じ原理ですね。

さらには、食卓にそのままのせれば風情もそれなり、水分を十分に吸ってしっとり柔らかな竹の皮は素朴な山間《やまあい》の空気なんかも運んできてくれる。

いやはや、たいした道具があったものだ。ただひっぺがして干しただけの竹の子の皮を料理に使うなど、いったいどこの天才が考えついたのだろう。

あのねカシハラさん、おばあちゃんだって知っていたのだよ。竹の皮に包めばおにぎりが蒸れず、通気もよし、それでいて表面はしっとり乾かないままだ。

「でも、持たせられるほうの身になってみてください」

そりゃそうだ。「時と場合」に加えて「お年頃」というものがある。小洒落たランチボックスよりおいしさ優先、竹の皮包みのおにぎりに食指が動く私は、それなりのお年頃に足を突っ込んでしまった、そういうことだろうか。

さて、小学生の私は、こと竹の皮においてはカシハラさんよりすこぶるラッキーなスタートを切りました。それは決まって土曜の夕刻のこと。おつかいから戻った母が買い物カゴから取り出すのが、ずしりと重い竹の皮の包みの日があった。それを目撃するなり飛び上がった。「わ、今晩はすきやきだっ」。包みの横っちょから、大ごちそうの牛肉がのぞいていた。

巻き簀

細巻きのススメ

「疲れて仕事から帰って、妻も子どももしいんと寝静まった夜中、ひとり台所で細巻きつくるんです」

タケウチさんはそう言って、切々と「細巻きのススメ」を説くのだった。きゅっと細いのを一本。巻くのはきゅうりとか梅とか、ごくシンプルなやつに限ります。巻く瞬間わずかに緊張する、これがいいんですよお。

それが、私が巻き簀《ま　す》と再会するきっかけだった。そうか、すっかり忘れていた。巻き簀という道具が戸棚のどこかに眠っていたっけ。

巻き簀を初めて目にしたのは、小学生の時分である。春の遠足、秋の遠足、運動会。そのたび母の腕にぶら下がってせがんだものだ。

「ぜったい巻き寿司つくってね」

母のつくる巻き寿司は、つやつやの海苔が香ばしくて、酢飯のお酢の味がほどよくて、ひと切れのなかにいろんな味がして、もう何個でもぱくぱく食べられた。中身は決まってほうれんそう、干瓢、しいたけ、でんぶ、卵焼き。前の日の晩、台所には干瓢やしいたけをことこと煮る小鍋が並んだ。かくして、いよいよ本日は晴天なり。その朝、母はいつもの巻き簀を取り出す。

昭和のあのころ、巻き寿司はとびきりのごちそうだった。郷愁にわざわざ水を差したくなかったからだろうか、私が巻き簀に手を伸ばさなかったのは。

「巻き簀に向かうと、すっと緊張するところがかえって落ち着くんですよ」

このかたずっと巻き簀を放りっぱなしにしてきたくせに、タケウチさんのひとことが繰り返し響くのは、我ながら思いもかけない展開だった。まずは「ススメ」に従って、細巻きデビューだ。きゅうり。叩いた梅干し。じゃこ。醤油をまぶしたかつおぶし。佃煮、奈良漬……なるほど、わざわざ酢飯にせず、海苔の上にごはんを広げるだけなら、中身はなんだって合う。拍子抜けする気楽さだ。

ところが巻き簀の扱いとなれば、ちょいとキャリアがいる。ごはんを広げる面積と厚さ。具を横一列に置くときの位置。そして、きゅっと転がして巻くときのちから加減——いろんな要素がぴたり嚙み合わさって初めて、見た目もいなせな一本どっこの細巻きが現れる。

失敗を繰り返したあげく、ようやく及第点が取れるようになった成果は、たとえばこんなふうだ。

ごはんは薄く、広く、左右の端まできっちり。具は手前寄り、ぜんたいの四分の一あたりに。巻き簀をすっと持ち上げたら、ごはんの手前の端を向こうの端に合わせるような気持ちで、迷わず一気に。

思い切りだよ、細巻きは。ぐずぐずもたつけば、ごはんも具も向こうへずれる。いったん巻き簀を引き上げたら具を軽く押さえ、すっ、くるっ、勢いのよさに勝負を賭ける。ブランコからぽーんと飛んで遠くへ着地するときの、あの感じ。

さて、巻き終わりにはだいじなひと仕事が控えている。巻き簀の上からそのまま両手をかけ、きゅっとひと握り。力を入れ過ぎれば硬く縮こまる。足りなければふにゃりと情けない。そのちょうどまんなかあたりの塩梅を、指先に託す。

鮨屋で、最後に干瓢巻きなど頼んだとたん、がっくり哀しいことがある。指でつまむとふわふわごわごわ、さっきまでの握りのおいしさがかたなしだ。締めくくりはやっぱり、ぱりりきりりといきたい。いや、鮨屋の細巻きに対抗しようなどと大それた気持ちはありません。巻き簀に向かう一瞬の緊張を味わったのち、今度はふわりとほどけて安らいで、曲がりなりにも満足して頬ばりたい。ただもうそれだけで。

さて、次なるハードルは太巻きなのだろうか。けれども、あの母の味は宝箱にしまったまま後生大事にしておきたい。そんな気がする。

晒し

木綿のたくましさ

ピーッと破る。この軽やかな抵抗感！　最後にわずかな力を加え、ピリリと破り終える。のっけから気分爽快、気持ちがいいのだ、晒しは。

さらし、と読む。平織の柔らかな白木綿の布で、一反の幅三三cm、長さ九・二m。え、そんなの知らない？　そうでしょうとも。実際のところ、晒しを買うときからして難儀である。駅前のドラッグストアで「晒しありますか」などと聞いた日には、「は？」きょとんとされてしまう。「あ、ソレ違います。ガーゼじゃあなくて」。そこで、地元で古株の薬屋へ回ると「あんまり買う人いないね、最近はね」。

あのう何にお使いになるんですか、と聞くから自分なりの使い方を披露する。

「台所しごとです。すごく便利なんですよ、卵漉したり、だしを漉したり。いもきんとん、きゅっと絞ったり」

適当な大きさに裂いた晒しを台所に切らさなくなってずいぶん経つ。最初に手にしたきっかけはすっかり忘れてしまったけれど、くるくる厚く巻かれた晒しは頼りがいがあった。肌に触れれば、素朴な風合いが心地いい。一反まるごと千円ちょっと、どうにでも、なんにでも使える。惜し気がない。

最初に役立てた先は、じつは冬場のみかん風呂であった。みかんを食べては皮をせっせと天日に干して乾かす。晒しはざくざく木綿糸で袋に縫い、そこへ乾かしたみかんの皮を入れ、お風呂に浮かべる。白い晒しの袋が空気を含んで、熱い風呂にぷかぷか。湯に漂うみかんの香り。これは気持ちよかった。晒しは便利なものだな。ピーッと破れば大きさ自在。布目も粗すぎず細かすぎず。晒し以外、代わりになる布はほかになかった。

台所しごとに精出すようになってつぎつぎ発見した、晒しはいろんな場面で役立つ。卵液を漉せば、絹のようななめらかさの茶碗蒸しができる。漉したかつおぶしを軽く絞るときにも。蒸《ふ》かしたさつまいもを晒しに包み、きゅっと絞ればかわいいきんとんの出来上がり。

さて、このへんで疑問がおありでしょう？「キッチンペーパーという便利なものだってあるでしょう？」。ええ、使うんですよ。もちろん台所に置いてあります。パッと使ってパッと捨てる。その気安さ、簡便さに大いに助けられる。しかしながら、気持ちにも時間にも多少の余裕があれば、手はやっぱり用途を選ばない晒しに伸びる。そのうえ何度も使って洗って乾かして、さらり、ふうわり優しい肌触りに触れたくなるのだが、どっこい晒しの魅力はそれだけじゃないんだな。

強い。透かしてみれば向こうが見えるほど薄いのに、強靭である。引っ張ろうが捻ろうが縛ろうが、平っちゃら。ごしごし洗えば、ふたたび穏やかな布に戻る。漂白して浸け置けば、清らかなまっ白にもと通り。それは、縦横しっかりと織り上げられた木綿の布のたくましさである。

江戸の頃、浴衣は毎夏新調するものであった。それは、おろしたてのきっぱりとした張りを尊ぶ粋の気風であったろうか。もちろんそうともいえるだろうけれど、実のところはこんな理由だってある。夏場、浴衣を着たら、次は寝間着に下ろす。寝間着を着古したら、今度は細く裂いて下駄の鼻緒に回す。大きく裂いたなら、雑巾である。さて、雑巾もいよいよ役立たずになったら、燃やして灰に。その灰を何に使うかといえば、染織の媒染に役立てるのである。

一反の木綿がひとの暮らしを一巡し、再び染織に戻り来る。それは木綿という布の実直さ。木綿と添うてとことん生かし切る庶民の知恵。その原点のような晒しは、だから、どうとでも生かしてみせて暮らしに威勢をつけたい。

今夜は台所の流しに、晒しに包んだヨーグルトがぶら下がっている。ひと晩吊したら、朝にはヨーグルトクリームが出来ている。考えてみればこの晒しの切れっぱしだって、洗っては干し、使っては洗い、もう何年め。それでも、丈夫でこざっぱり、白さがまぶしい。

楊枝

便利さと下世話さ

「さあ召し上がれ」

「ご馳走になりますわ」

時代がかった言い草なのに声だけ幼くて、ぎょっとすくんで頭を振り向けた。ちっちゃな女の子がふたり、道端に座りこんでおままごとに夢中である。なんの気なしに手もとをのぞきこんだ私は、思わず唸った。楊枝をつまんだ右手の小指が、気取った様子でぴんと立っている。その楊枝の先で小さくまるめた泥だんごを突き刺し、すぼめたおちょぼ口に運んで食べるまね。

「いやん、おいしい」

気分はすっかり若奥様。見ちゃいけないものを見たような気分に襲われて、そそくさとその場を離れた。

バス停までの道すがら、私は物思いに耽《ふけ》ることになった。なるほど、物はことほどさように使いようひとつ――。

楊枝のことだ。

「デパ地下」と聞けば、まず連想するのは楊枝なのである。エプロン姿のパートのおばさんが気合い一発、「どうぞっ」。行く手を阻んで目の前に突きつけてくる楊枝の先には生ハムの切れ端、半分に切った餃子、さつま揚げのかけら。つられて思わず手を伸ばしかけたところへ、あわてて見栄が急ブレーキをかける。

（あくまで味見だから。べつに食べたいわけじゃないから。空腹なわけでもないぞ）。

誘惑に負けて楊枝をいったん受け取ってしまったら、今度はおもむろに小むずかしい顔をつくり田舎芝居に励む（四の五の言うまい、今日はひとつ買って帰るとするか）。はたまた（これは我が輩の好みに合わん）。

楊枝は微妙にハズカシイ。お祭りの屋台のたこ焼きだって、箸でもフォークでもピックでもない、つま楊枝でブスッと乱暴に突き刺してこそ。つま楊枝でなければたこ焼きはたこ焼きでなくなる。だからこそ、誘惑に駆られてデパ地下で食べちゃったあとはすみやかに下世話な楊枝を捨て、その場をそくさと立ち去りたいのである。

さて、さらにちょっとハズカシイのはわけありの食事のあとだ。ふだんは楊枝を使う習慣がないのに、今日に限って歯と歯の間にぐーっと深く肉の繊維の切れっ端。不快で、居心地悪くて、落ち着かない。たった今、楊枝を口のなかに突っ込めればどんなにすっきりすることか。もじもじ、いらいら、きーっ。

楊枝、ことのほかつま楊枝はそんなわけでちょいと分が悪い。先端が鋭く尖ったつま楊枝は、中国から口中の清掃道具として伝来した小楊枝から始まった。お釈迦様は、木の枝で歯を磨いて心身を清めるのを弟子に奨励したそうな。歯木と称されたこの道具には、楊柳の木の枝が使われた。また、日本最古の医学書『医心方』によれば、柳の枝で歯の内外を丁寧にこすって磨けば歯痛も止まり口中に芳香が漂う、と。

――とまあ、あれこれ便利なはずのつま楊枝にそこはかとなくハズカシイ空気が貼りついているのは、もともとお掃除道具だったから。とはいえ、身につけておくべき僧侶の仏具の筆頭株でもあったわけですからね、「シーハーする」のも真剣にやらねば、てなものだ。

ところが、おなじ楊枝でも、素材が黒文字に代わっただけで、がらりと待遇は違ってくる。黒文字の木を削ってつくられる楊枝は、菓子切りのための道具。懐石料理にもお茶事にも欠かせない。「黒文字」と呼ばれれば下にも置かぬ丁重な扱い、つくづく世間は現金なものである。

さて、ここに一枚の写真がある。小学校の運動会の昼。近所の家族が車座になったまんなかに並んでいるのは、つま楊枝で刺したりんごの行列だ。みんなで食べようと、誰かが持参したのだな、つま楊枝。その心がけのよさにぐーっと感じ入る。

P 136

P 180

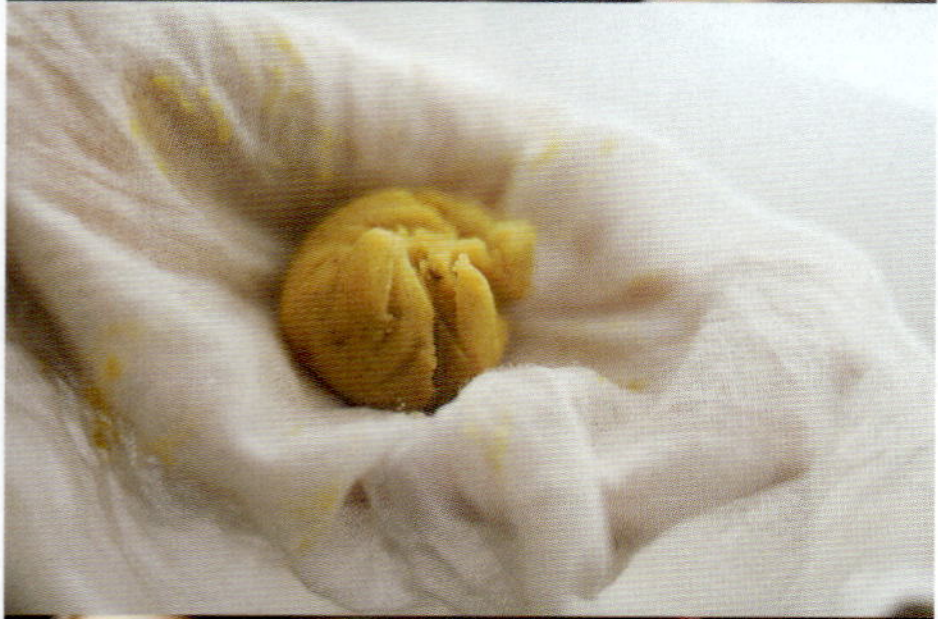

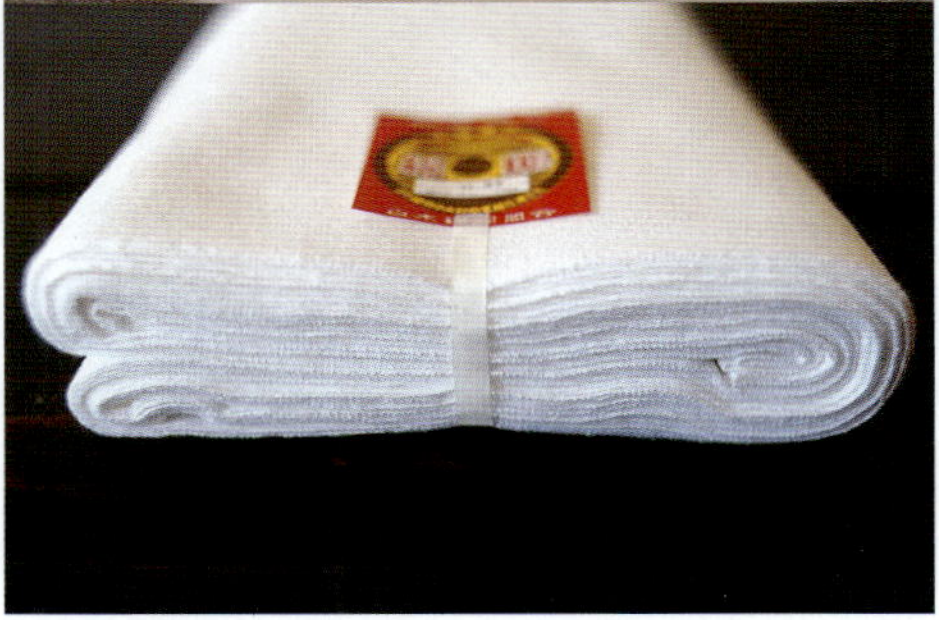

P 139

P 203

P 211

P 123

P 226

P 223

P 199

P 184

P 133

ところで、駅の売店で売っている崎陽軒の「シウマイ」には大きな楊枝がちゃんと二本ついている。これまたエライ。

土鍋

じわじわ優しく熱がまわる

土鍋は一家にひとつでよろしい。もしくは、鍋もの用の土鍋がひとつ、ごはん炊き用の土鍋がひとつ。これで十分ではないか。それに引きかえ私ときたら。

「まあ、ほら、土鍋フェチだから」

そう言って慰めてくださる方もあるが、よく考えてみれば慰めにもなっていない。わが「土鍋フェチ」への道程を振り返ってみる。と、目前に次々現れるのは、じつのところアジアのあちこちの食卓で出逢った土鍋なのだった。事の発端は、韓国の土鍋トゥッペギである。

あの日、ソウル郊外の尼寺を訪ねたのは十数年も前のことだ。昔ながらのおいしいチゲをごちそうしましょう。そう言って尼さんは小さな黒い土鍋に味噌味のだしや青唐辛子、ホバク（かぼちゃ）をざっくり切り入れて蓋をし、煙の立つオンドルの焚き口に深く押し入れた。

燃えさかる炎に包まれた黒い土鍋の姿を、息を詰めて見守ること十数分。再び引き出されるや大急ぎで食卓に運ばれ、蓋を開けると……ぐつぐつぽこぽこ。焚き口から取り出して数分も経っているというのに、煮えたぎる汁！　スッカラで啜《すす》って仰天した。野菜の味。青唐辛子の辛み。とめどなく土鍋の奥底から湧き上がるような味わいがそこにあった。そして、すべての食事を終えてなお土鍋は熱球の如き。

それが、宮廷の王様の膳にもチゲだけには必ず使われたという素朴な土鍋「トゥッペギ」であった。土鍋というものは風情だけなんかじゃないんだな。堂々と自己主張する道具としての手腕を知った。

韓国・慶州の温泉宿で味わった地鶏の煮もの。中国・北京の五目豆腐の土鍋煮込み。香港のおばあちゃんお手製のクレソンのスープ。タイの蟹煮込みやハーブをふんだんに使うトムヤム。ベトナムの炊き込みごはんや蒸し貝……さまざまな土鍋に出逢ううち、すっかり納得した。

決して情緒だけでは終わらない。土鍋でなければ出せない味がある。そのことを私はアジア各国で教わりました。「今夜はひとつ、鍋でも」……わがニッポン流の鍋を囲むなごやかな情緒だけに気を取られていたら、うっかり土鍋の実力を見逃すところだった。

空気を含んだ土が熱を柔らかく回しながら、じわじわ素材に火を通す。なだらかに温度を上げるから、すっかり火を通し終えても煮崩れさせない。そして、素材の持ち味を芯までふわあっと優しくほころばせ、満開に花開かせる。これが、土鍋の力だ。さらには、食卓に運ばれたのちもその実力を発揮し続ける。

こんなことがあった。つくり続けてもう十年を超えるクレソンのスープは、香港のおばあちゃんの教えを守って必ず土鍋でこしらえる。調味料も素材の量も煮込む時間も、決して変えない。ところが、何度かこのスープを口にしたことのあるお客が、あるとき遠慮がちに言ったものだ。

「あのう。今日のスープ、いつもに較べて味がそっけないように思われるのはなぜでしょうか」

こういうひとの味覚こそ真に恐ろしい。私は兜を脱いだ。じつはこの日、鍋だけが違った。私は初めて禁を破り、気まぐれにステンレスの深鍋で煮たのだった。

まことに、土鍋も味のうち。豚肉のカタマリや牛すね肉を煮れば、その差は歴然とする。土鍋で静かにことこと煮れば、内側から繊維一本一本がほぐれるように煮上がる。そのしっとりとした柔らかさときたら！　ごはんのむちむちふっくら加減だって、土鍋が連れてきてくれる。

とまあそんなわけで、ひとつ増え、ふたつ増え。はっと気づいたら、自分の足もとには「土鍋フェチ」の道が敷かれていました。手に取るその感触がうれしい。火加減しながら隣にいる時間がおもしろい。食卓で眺めて楽しい。こんな愉悦の世界があろうとは、お釈迦様でもご存知なかろうと思います。

鉄瓶

おいしい白湯を飲もう

「おいしいお茶ですねえ。茶葉は何を？」

いえいえ、そこいらの煎茶です。

「じゃあ、特別の水をお使いに？」

いえ、水道代しかかかっておりません。

「おかしいなあ。何か違いますよ絶対に」

たまにこういうお方がちゃんといるから、うれしくなる。

「お白湯《さゆ》おいしいですよ、飲んでみます？」

台所から鉄瓶をぶら下げて現れた私を見て客人は、なるほどそういうわけだったか！と膝を打ったのだった。

鉄瓶がわが家にやってきて、十年経つ。江戸期から続く鉄瓶の工房で、この職人が手がける道具を使いこなしてみたいと胸揺さぶられた。旅先の盛岡であった。これで積年の「湯沸かし問題」も解決するのではないか。ずしっと持ち重りのする真新しい鉄瓶を腕に抱きながら、密かにそう直感していた。

いや、ね。ずうっとステンレスのケトル一辺倒だったんです。しかし、どこかがささくれだつような違和感につきまとわれてきた。ステンレスの肌は次第に黒ずむ。これがなんだかしみったれて気に食わない。ところがいったん磨けば、一転ぴかぴか光り輝く。が、しばらくすれば元の木阿弥。沸騰した湯がステンレスに弾ける音だって、ちりちり不機嫌そうだ。とにもかくにも、使い込む時間の積み重なりがこの「湯沸かし道具」には見つけられなかった、私には。

ついに訪れた大転換。包みを抱きしめて帰りの東北新幹線に乗り込んだ私は有頂天であった。しかし、誰が知ろう。あんな過酷な試練が待ち構えていたことを。

鉄瓶は使い始めが肝心である。最初は使い終わるたび、火にかけて内部をすっかり乾かす。少しでも水分が残っていれば、そこから錆が出てしまうから。【寝る前に水を捨てる→弱火で空焚き→一晩置いて乾かす】これを半月も気長に繰り返せば、内側に白い粉が吹いたような湯アカがつき、薄い皮膜ができる。これで錆止め、無事完了！……のはずでした。ところが、乾かしたはずなのにあーあ。なかを覗くと赤茶けた錆。我慢して数日見守っていると、錆はからかうようにじわり広がっている。日々の努力は藻屑と消え、屈辱にまみれつつタワシでゴシゴシ、錆を落として再びスタート地点へ逆戻り。

このむなしさを味わうこと三回。

思い出しても難儀であったなあ。鉄瓶がわが家になじむための通過儀礼はまことに長い道のりでありました。

けれども。苦労も忍耐もすっかり報われる至福の日々を、鉄瓶はちゃんと用意しておいてくれた。白湯を口に含めば、すぐわかる。とろ〜んと甘い。甘露が舌の上でころころ転がるかのように、ふうわり優しい。口当たりはビロードのなめらかさ。白湯がこんなにおいしいなんて、生まれて初めて知った。

鉄瓶を使い始めてからこっち、毎朝起きたてに三杯、ゆるりと白湯を楽しむのが習慣である。からだが喜ぶのである。もちろん煎茶も焙じ茶も、蕎麦茶も麦茶も格段に味が上がりました。

こうして朝な夕な使い続けて歳月は流れた。なにしろ鍛えかたがちがう。ときには隣の鍋のオリーブオイルが跳ねたりもして、布巾で乾拭きすれば肌はますますこっくりと渋みを増してゆく。もはや風格の渋みを備えて、台所の主さながら。湯アカだって着々と堆積し、錆知らず。鉄分も日々カラダに補給してくれているに違いない。

ところで、こないだ偶然なんとも魅力的な古い鉄瓶に出くわした。心は千々に乱れたけれど、そこをぐっとこらえてあきらめました。盛岡の、かわいいこいつとずっといっしょにいこう。わが家の湯沸かしはたったひとつ、これでいい。

キッチンクロス

リネンの強力な吸水性

「月光で織られた布」だそうである。古代エジプトでの話だ。いやまったくその通り。私はたちまち合点する。

リネンのことである。内側から滲み出るあの艶と光沢は、そうか月光の正体であったか。さらには、使えば使うほどリネンは白さに磨きをかけ、月光の雫《しずく》を滴《したた》らせる。「よくもまあ、そんな見てきたような嘘を」ですって。ふっふ、嘘でも冗談でも誇張でもありません。この私の台所の棚に一枚の証拠品あり。

それは、もう二十年使い続けてきたアイリッシュ・リネンのグラス拭きクロスである。どこで手に入れたかすっかり忘れてしまったけれど、初めて目にしたときの衝撃は今でも鮮やかに覚えている。

「これほど艶やかな白があったものだろうか」

こざっぱり爽快な清潔感だけには終わらない。一枚の生活道具でありながら、リネンの白が織りなす艶やかさ、しゃきっと格別のハリには侵しがたい品格が漂っており、ぐしゃりと鷹揚に手づかみするには少しばかりの勇気がいった。

ところが、その働きぶりときたら！

たっぷり水滴を残すグラスをきゅっとひと拭き、みるみる水を吸う。グラスの肌にはケバのひとつもつかない。そして驚いたことに、使いこむほど繊維は柔らかさを増していき、しっとりと風合いを高めていったのだった。

二十年経った今でも、手にするたび瞠目するのは、まるで変化することのない白の艶。褪《あ》せるどころか、使い続けてなお光沢を輝かせるリネンとはいったい——。

そもそもリネンは麻の一種で、亜麻科の一年草。そのほか麻の仲間にはラミー（苧《ちょ》麻《ま》）、ヘンプ（大麻）、ジュート（黄麻）などがあるが、ヨーロッパを中心に亜麻科のリネンが最高級とされる。北欧では、娘が嫁ぐときナプキンやクロス、ベッド用品などリネン類一式を持たせるのが慣わしだ。リネンは、かくも暮らしに深く溶け込む存在なのであった。

さて、そのたくましい働きぶりを目の当たりにすれば、哀しい哉《かな》それまで愛用してきた木綿の手拭いがにわかに見劣りした。なにしろ繊維が三倍の吸水力を持つという麻を前にしては、木綿が出る幕を失うのは当然の成りゆき。さらには、そもそもリネンの繊維はペクチンで覆われており、繊維のケバ立ちを抑えながらおのずと光沢を生み出すのであった。

　こうして木綿が一枚減り、麻が一枚増え、ついに私の台所の棚にはさまざまなリネンのキッチンクロスが都合三十枚ほど積み上げられることになった。

「まあ、こんなにたくさん」

　呆れるひとがあるけれど私は言いたい。

「キッチンクロスは多ければ多いほど助けられます」

　惜しげなく、どんどん使う。使い回す枚数が多ければそのぶん控えに回って休めるから、傷みは遅い。つまり格段に持ちはよくなります。鍋つかみにも、鍋敷きにも、焼きたてのパンをくるむときにも。台所で役立ちそうなことには遠慮会釈なく使い回す。

　ところで、その三十数枚のリネンはじつに多国籍だ。アイルランドを筆頭にベルギー、フィンランド、フランス、ポーランド、リトアニア……それぞれ微妙に風合いも織り方も異なる。

「へえ、こんなリネンも」

　その奥の深さに納得させられたのはスウェーデンのもの。月光どころか、まるでストーンウォッシュ。漂白一切なし、ごわごわ、バリバリ、超ハードな風合いなのだが……吸うわ吸うわ！　水分を得ればたちまち繊維が息を吹き返してふくらみ、ぎゅっと絞って広げればものの数分でさらりと乾く。ごわごわの乾き上がりが胸を張っている、「リネンの意地ここにあり」。

美しく輝く月光の一枚がある。ごつごつたくましい野生の一枚がある。そのどちらも、まさしくリネンの魅力の真骨頂。

ところで、この二十年の歳月の間に育ったわが娘の名前もまた、「麻」なのである。

片口

天下の美酒に出世させる

流れたがっている。だから、そこに勢いをつけてやらなければ。

片口を手に取る。

と、たったいままで平らかだった表面が、たちまち揺らぐ。うしろ側をくいと持ち上げて角度をつけ、先端の口に勢いを集める。うしろが前を押し、流速が生まれ、前へ、前へ。勢いは止まらない。もう、もっと流れたがっている。

——思わず指先に緊張を溜めて息を詰めるそんな瞬間がうれしい。だって、急須でも土瓶でもポットでも、そして徳利はもちろんのこと、目にするのは注ぎ口から出てしまったそのあとばかり。傾けて勢いをつけられ、いまにも流れたがっている瞬間など、片口でなければつぶさに見ることも叶わない。

そのことに気がついてからこっち、片口がいっそう偏愛の相手となった。燗酒の季節が過ぎ、とりわけ冷や奴がつるりと唇に涼しい時節を迎えれば、待ってました！　いよいよ片口の独壇場である。

さあ、今夜も夕暮れを待ちかねて一献。まずは一升瓶を抱えて、片口に酒を……とくっ、とくっ、とくっ。空気と酒が混じり合って機嫌のよい軽やかな音が耳に響く。片口のなかに小さな美しい泉が現れれば、むずむず気持ちが弾んで波立ち、足の裏までうれしい。

そもそも片口は、液体の移動手段であった。酒を一升瓶から四合瓶へ。醤油を樽から瓶へ。大きなものから小さなものへ、逆もまた然り。つまり、あっちからこっちへ。片口があればこそ、液体は一滴もこぼれず、口から口をつたって魔法のようにするりと場所を移り替わることができる。

しかしながら、いつのまにか酒屋の樽も台所の瓶もすがたを見かけなくなって、代わりにペットボトルやら紙パックやら。そのうえ、準備のよいことに大きなの小さなのさまざまに揃っていれば、もとより移し替えの必要もない。道具として存在価値を奪われた片口は、受難の道を受け入れていったん退場するほかなかったのだ。

そんなわけだから、再び見事復活を果たした片口には、やっぱり液体が、とりわけ日本酒が似合う。たぷたぷと酒が注がれるや、その佇まいは水を得た魚の如し。静かに揺らぐおもてには、月のひとつも浮かばせていそうなもののあはれが漂う。どんな酒もいったん片口に注がれれば、ひと目で思わずごくりと喉を鳴らさせる天下の美酒の風情に大出世なのである。

ただし、片口は生かすも殺すも扱いようひとつ。手の添えかた、うしろの持ち上げ具合、勢いのつけてやりよう。扱いの塩梅がぴたりとハマればこんな重宝な道具はないが、ひと呼吸ずれればもたもたびしゃびしゃ、なにしろそもそも間《あいだ》に立つ道具ですからね、間《ま》の悪さに苛立つことになる。

とはいえ、七面倒なことはなにもない。ただ一点、片口の使い勝手の良し悪しは「大きさ深さ」と「先端の口の狭さ長さ」の関係の見極めにある。

だってそうでしょう、口の狭いところへぐいぐい勢いを押しつけられるばかりでも、酒は出口を塞がれて行き場に詰まる。その反対に、流れたがっているのに勢いをつけてもらえなければ、これはもう隔靴《かっか》搔痒《そうよう》。ちょろちょろ洩れたような情けない注がれようでは、美酒もかたなしである。

前へ傾ければ勢いよく流れ、後ろへ返せばぴしりとキレて一滴も洩らさず。おもむろに片口を置き直し、待ちかねて唇を湿らせる。ああうまい——そんな思いを味わわせてくれる片口は、さながらアラジンのランプ。魔法のように、いつでもとびきりの一献を連れてくる。

そのためには、まず自分の手肌にしっくりなじむすがたかたちの片口に巡り逢わなければ。

保存容器

四角で揃える

すっからかんの冷蔵庫にあこがれる。

扉を開けると四方すみずみ奥まで見渡せる、すかっとさわやかな冷蔵庫。固く搾った布巾でさーっと底をひと拭きできるような、そんな見通しのよい冷蔵庫。

ところが、それがもうあなた、現実は全然。すっからかんなど夢のまた夢、ぎしぎしのぎゅうぎゅうである。

行く手を阻むのは、まずは調味料だ。味噌、マスタード、XO醬、甜面醬、腐乳、粉唐辛子、ピーナッツペースト……きりがない。ともだちのおばあちゃんお手製のマーマレード、ずしり二株ぶんの白菜キムチ、熟成中の自家製しゃぶしゃぶのたれ、はたまた上海の市場で買った塩漬け雪菜、シチリアで買いだめしたトマトペーストの残り……旅先でのお宝ともなれば、よけい後生大事にちびちびもったいながるものだから、冷蔵庫滞在時間はさらに記録更新中。

いや、話にはまだ先がある。ここへいやおうなく参入するのが日々の生鮮ものだ。やれ、おいしそうなチーズを見つけた、食べごろのアボカドを冷やそう、うっかりケーキを買っちゃった、入れ替わり立ち替わり冷蔵庫に息つくひまも与えず、さらにそのうえ……。

さあ、ここでいよいよ登場するのが保存容器なのである。

たとえば八月十九日。白和えに使った豆腐を六分の一丁ぶん余らせた。家族の誰かが結局晩ごはんを食べず、小松菜のナムルと炒めものがひとりぶん手つかずのまま。となれば午後八時半の冷蔵庫はいっそうの盛況となり、いやパンク寸前の惨状に陥る。アボカドはあわてて脇に寄せ、ケーキはとっととむりやり腹におさめ、強引にスペースを空けて保存容器が割り込む余地を捻出する。ま、この夜にかぎらず、年中このあたふたを繰り返している愚かしさに、我ながらため息が出る。

しかしながら、愚か者にも多少の知恵はある。藁にもすがるような思いで手にするのは、四角い保存容器だ。

四角であれば、そもそも四角い冷蔵庫のすみまでむだなく活用できる。ところが、円状のもの、角がまるいものときたら恐怖の場所喰い虫だ。はっと気づいてまるいもの一掃作戦に出たら、唖然としました。あれほどぎっしり満杯だったのに、保存容器を四角に替えただけで冷蔵庫の三分の一がすかすかになっちゃった。

そうか。保存容器の条件は、あたりの場所をむやみに占有しないこと、譲れるところは惜しみなく譲り渡すこと。これらの条件を満たしてこそ一人前の「使えるやつ」と呼べるのだった。

いったん光明が見えれば、よくしたものでつぎの扉もおのずと開く。白菜キムチの保存容器に出合ったのもまさに同じころ、十年前だ。唐辛子の赤が染みないステンレス製、四方にばちんと丈夫な留め金、ふたの裏側には密閉度を高める強力パッキン。当然かたちは四角よりほかなし。匂い洩れや色染み、置き場所……積年のキムチ保存問題はたちまち解消、ソウル南大門市場での大発見は、帰国後ただちに冷蔵庫のお宝となった。

そして、味噌やぬか漬けなど保存期間の長いものは酸に強く腐食しないホーロー。ジャムやコンフィチュール、トマトソースには煮沸消毒してそのまま使える厚手のガラス。せいぜいひと晩だけなら、場所を占領せず洗いやすいちいさなもの、かつゆめ忘れぬよう透明なもの。これらがなかよく肩を寄せ合い、（しかし押し合いへし合い）冷蔵庫のなかで暮らしているわけです。

しかし、と思い直す。保存容器が増えれば増えるほど、大きなつづらを背負っている気分に襲われ始めた。その日その日、またはせいぜい一週間単位で容れては片づけ容れては片づけ、すっきりさわやかな冷蔵庫とともに短いサイクルで暮らす、そのほうが抱えた荷物が少なくてせいせいするように思われて。

よし。一大決心して冷蔵庫の棚と対決だ。ところが、台湾で買った気に入りの漬物の瓶やら一カ月半寝かせたドライフルーツの赤ワイン煮やら握りしめ、「これも大事、あれも大事」。ちからなくうなだれて棚にそっと戻す。

石

重しにも、鍋にも

モンゴルの草原を吹く風にその年初めて秋の匂いが混じった日。朝の光を浴びながら、私は地平線に向かってジープで駆けていた。そこへ突然小川と呼ぶには激しい急流が現れ、強引に横切ったものだから、たちまち濡れねずみ。往生して車を止め河岸に降り立ったが、私が指差して叫んだのはこのひとことであった。

「使えるっ」

つくづく感心しました。草原でびしょ濡れになりながら、とっさに私はごはん炊きのことを考えていたのだ——目に飛びこんできたずんぐりまあるい河原の石は、お釜のふたの重しに格好であった。

石は、じつに使えます。重しにも、うつわにも、箸置きにも、鍋にも、うすにも。私は世界のあちこちで、そのことを知った。だって日本では、石は漬けもの石くらいだと思いこんでいたから。

こんなにも強く頑丈なのか、石というものは。そう教えてくれたのは、東南アジアの石うすであった。タイでは、ごはんの仕度は「クロック」と呼ばれる石うすを叩くところから始まる。にんにく、唐辛子、パクチーの根、さまざまなスパイス。それらを石うすのなかに放りこみ、石棒「サーク」で叩き潰すのだ。

一気に巻き起こる香りが、たちまち宙に弾け飛ぶ。包丁で刻んだ香りとは比較にもならない。がしっと一点集中、石と石との間で叩いて生じたそれは、いっそ官能的なほど五官を刺激する濃密さ。調味料や料理法がシンプルでも、あれほど東南アジアのおいしさが切れ味鋭いのは、台所で石を使えばこそ。

さて、金属を超えるともいわれる石の熱保温力のすさまじさは、韓国の「石鍋」や「石釜」にとどめを刺す。なかでも韓国一とその名を轟かせる全州《チョンジュ》・長水《チャンス》産の角閃石を削ってつくられる鍋釜の堅牢さ、すがたかたちの美しさときたら！

火にかけて熱玉と化した「石釜」で炊くごはんの、凝縮された米のうまさはどうだ。炎にさらした「石鍋」でつくる石焼きピビムパプは、カリカリ香ばしいお焦げがごちそう。そのうえ食べ終えてなお、触れれば火傷させるほどの驚異的な保温力を持っている。

じつはこの石焼きピビムパプ、全州の石産業をどうにか興隆させようと一九六〇年代に地元で誕生した創作料理である。はるばる全州までその事実を確かめに足を運んだ三年前のこと、私は降りしきる二月の雪を肩に積もらせながら、老舗の石焼きピビムパプ店の扉を押した。

「日本の客はお焦げがやたら好きだからね、あ日本人が来た、と見ると、やおらコンロの火を強めてやるのさ」

へえそうだったか、韓国のおひとはピビムパプのお焦げには執着がないらしい。

ただし、ごはんを炊く「石釜」となれば、話は別だ。米どころ利川《イチヨン》を訪れれば、たいていの店のごはんは「石釜」で炊かれて供される。むっちり炊き上がったごはんをよそったあと、次のお楽しみは底ぐるりに貼りついたお焦げだ。

ミネラルウォーターか湯を注ぎかけ、お焦げをじっくりふやかして食後に香ばしいお焦げ湯「スンニュン」を啜る。さっぱりと香ばしいお焦げ湯の味わいは、韓国人の郷愁をかきたてる珠玉の味である。だって、炊飯器ではもうお焦げをつくることができなくなってしまったから。

つくづく石はすごいなあ。だって、石でなければ、決して出せないおいしさがある。いや、おいしさだけではありません。石でなければ、決して生まれようのないたたずまいというものがある。それはきっと石が太古の記憶を運んでくるから。ごつごつ、つるり、ひんやり。固く閉じたこの有機物のカタマリには、きっと地球の一分一秒が堆積している。

ぶくぶく泡を噴き上げているお釜の上で重しの役目を仰せつかったこのモンゴルの石

ころは、いったいいつごろから存在していたのだろう。クロックは、石釜は……。
台所でふと石を見つめて、にんげんの、自然の営みのことを考える。

飯櫃

陶器で得た新発見

イヤダカラ、イヤダ。

作家・内田百閒が日本芸術院会員推薦を断固辞退した折の「理由」である。シビレるなあ。ものごとを断るときはこういきたい。うだうだ説明なんかまるでなし。イヤダカラ、イヤナノデス。

どう思われようが構やしない、仁王立ちになってぶすりと呟きたいことは山ほどあるが、たとえばそのうちのひとつがこれだ。

旅館の朝ごはんじゃあるまいし、台所に檜のお櫃《ひつ》はいらない。

本当は潔く「イヤダカラ、イヤダ」ですっぱりおしまいにしたいところだけれど、悔しいかな今ひとつ修業が足りぬもので、うだうだ説明いたします。

木の香りは、ごはんのふくよかな甘い香りの邪魔をする。ひとつぶひとつぶ花開いたばかりのつややかな炊きたてが、芯の奥底までふっくらほころばせている、そこに余計など。檜やさわらの強い木の香りなどなものが割って入る必要などあるだろうか。ましてや、檜やさわらの強い木の香りなど。

家庭の台所に木の飯櫃《めしびつ》。これはちょっと違うのじゃあないか。そう考えるようになったのは、もちろんこの私も自分で使ったことがあるからだ。どこでどう思い込んだか、檜の香りをまとったごはんをおいしいと感じなければならない……ヨノナカはなんとなくそういうことになっていたものだから、ついうっかり。

もちろん利点はいくつもあった。木の飯櫃は水分や湿気を木肌が自然に吸収するから、ごはんが蒸れず、ベタつかない。木の厚みが、ごはんのぬくもりを長く保つ。夏でも冬でも外気の温度が伝わりにくいから、ごはんの味が変わりづらい――じゃあいいじゃないの、文句なんか言わなくても。

いや、ですからね。私にとってはこれらの利点をもすべて抑え込んでしまうのが、無駄な香りがごはんにくっついてしまう、ただ一点なのだった。成りゆきで一年近く使ったのち、檜の飯櫃は結局、台所から退場を余儀なくされた。

さて、それから十数年。私の台所もそれなりにさま変わりをした。なんと！　飯櫃リターンズ。ただし、昔の名前では出ておりません。このたび完全復活を果たしたのは、陶器の飯櫃であった。

ごはんが炊けたとするでしょう。家族三人ぶんほかほかを椀によそい、ときおり余りがでる。もしくは、余るのを見越して多めに炊く。それをすぐさま小さな塩おにぎりに結び、陶器の飯櫃に移すのがここのところの習慣だ。

おにぎり入りの飯櫃を台所の片隅に置いておく。と、小腹の空いた誰かがふたを開けてはつまむ。あるいは、次の食卓にそのまま飯櫃ごと運んで供したりもするという具合。夏場は飯櫃ごと冷蔵庫にしまう。なにより、塩おにぎりのおいしさが飯櫃の機能性を雄弁に物語っている。飯櫃に入れておけば決して蒸れもせず、乾くこともなく、半日経ってもしっとり適度な水分を保っている。それは、陶器の土肌が自在に呼吸し続けているためだ。

さらに、私は新たな発見を得ることになった。おにぎりに結ばず、ごはんをそのまま飯櫃に移し替えただけの翌朝。冷やごはんを箸にのせ、ひと箸ずつゆっくり嚙みしめてみた私は、虚を衝かれて思わず言葉を失くしたものだ。ああ冷やごはんというものは、これほど豊かな滋味に恵まれていたのか——。

湯気も、ぬくもりもない、すべてを一切剝ぎ取ったごはんの味。すっかり露《あら》わになったごはんの真の味。陶器の飯櫃のなかに、それはそれは美しい珠玉の裸体が楚々と佇んでいたわけです。

あーあ。いちいちそんなことまで語ってしまう自分がハズカシイ。木の飯櫃は余計なものがくっついてくるので、イヤダカラ、イヤダ。ぐっと我慢して、やっぱりそこでおしまいにしておけばよかったのに。

機嫌のよい一日

買い物かご

無駄を省こう

いったん買い物の旅に出てしまうと、私は糸が切れた凧である。こちらにちっともそのつもりはなかったけれど、それが家族の面々の胸のうちだと知ったのは最近のことだ。

「ちょっと買い物に行ってくるね」

その瞬間、みな覚悟を決めるという。横目で時計をちらりと見上げ、今日は二時間コースかな、それとも夕刻ご帰館ですかね、などと即日予想をつけるという話である。

「行ってきまーす」

お天気のよい週末の土曜日、買い物かごをぶら提げて元気よく玄関を出る。さわやかな風に頬のひとつもなでてもらえば、エンジン全開。タッタッタッ、スニーカーの足どりも軽やかに、路の右に大きな柿の木、左に満開のバラの生け垣など見遣りながらすっからかんの買い物かごの軽さが愉快である。

　さて、アイルランドの田舎町の青空市場で見つけた大きな買い物かごの中に、毎度必ず放りこむ「買い物道具一式」がある。財布。文庫本一冊。密閉保存容器一個。この三つである。文庫本は、道中で喫茶店に沈没したくなったときのおともに。密閉保存容器は、私なりのささやかな「簡易包装協力」だ。

「おじさん、牛すね肉五〇〇gくださぁい」。と同時に買い物かごから容器を取り出して、ガラスケース越しにハイ。「おいしいところですよー」。毎度のセリフといっしょにおじさんは容器に肉を入れ、ぴちんと蓋をして戻してくれるという仕組み。

これはたいそう便利です。だって、その夜すぐ使うのだもの。無駄はできるだけ省きたい。〝通常包装〟は【竹の皮もどきの紙にのせる→薄紙でくるりひと包み→ビニール袋→手提げのビニール袋】。どう考えても、こりゃあ過剰というものでしょう？

　しかしながら、過剰と節約の間には深い河が流れている。十年も前だろうか、夕方スーパーのレジで支払いを終え、せっせと袋に詰め替える私の背後で、びりびり、べりべり耳慣れぬ音があたりに響いた。ひょええ。私はあとじさった。スーツ姿のキャリアウーマン（当時はそんなコトバがぴったりきた）が、肉も魚も野菜も片っぱしからラップを破って発泡スチロールから出し、どんどんどんどんビニール袋に詰め直している。あんなにかさばっていた牛肉推定四〇〇gが、魔法のように小さなひとカタマリ。包装をすべて捨て去り、彼女はバッグから取りだした布の提げ袋に空気をぴっちり抜いたビニール袋を何個も納め、勇躍スーパーを去っていった。

これから電車に乗るのかしら。それとも保育園のお迎えだろうか。なるほど「運搬の知恵」には感服したけれども、そのいっぽう、彼女の詰め直し「節約ワザ」のために新たに「消費」されたビニール袋の無駄を、私は思った。

包みは過剰でもなく、無駄もせず。買い物の中身だって、決して買い過ぎず、無駄もせず。ああ、その塩梅がムズカシイ。結局今日も今日とて、揚げたてコロッケの匂いにふらふら、八百屋の店先で朝穫りのアスパラに思わず手を伸ばし、おしゃべりついでにのぞいた古道具屋でめっけもんの白磁のうつわ五枚。手づくり粗挽きソーセージ六本。そうだ、大学前のパティスリーまでクロワッサンを買いに寄ろう。ちょうど二回目が焼き上がる時間だからね。

……とまあこんな具合に、足のおもむくまま気の向くまま。あっちの店、こっちの店にひっかかりながらてくてく歩いて、と同時に週末の晩ごはんの献立もおのずと決まっていき、はっと気づけば三時間コース終了地点。

ずしりと重みを増した買い物かごの持ち手が、掌に食い込む。本日も大漁なり。

しかしながら、軽さがことのほかうれしい買い物だってあります。早朝ボウルひとつぶら提げて、すぐ近所のお豆腐屋さんに買いにゆく木綿豆腐一丁。できたてをたったひとつ、今朝のごはんのために。ちゃぽんと揺れる水音がうれしい。

木の弁当箱

柔軟な〝うつわ〟として

まるで春の海だった。

切手を買いに郵便局に出かけた帰り、ふと回り道がしたくなった。三叉路を曲がれば桜の古木がある。もう蕾はほころびただろうか——と、目の前がゆるやかにとろけた。

春の海ひねもすのたりのたりかな

若草色、朱鷺《とき》色、珊瑚色に桃色……優しげに混ざり溶け合って、ほわんとおだやか。いつもの和菓子屋の軒先に、春の海が柔らかくたゆとうていた。

萌葱《もえぎ》色のきんとんと桜色のういろう。春の情景を胸に抱いて家路を急げば、四季の始まりをいち早くひとり占めして心が弾む。

さて、包みを持ち帰れば持ち帰ったで、私は春をそのまま放っておけない。紐をほどき、紙を開いて和菓子を取りだし、いつもの場所にいそいそおさめる。

それが木の弁当箱である。

和菓子を持ち帰ると必ず、わっぱの木の弁当箱に移し替える。すべらかで清潔な杉の肌合いに、季節の訪れを告げる和菓子の初々しさがぱーんと映える。まるで歌舞伎の舞台に上がったみたいに。

あるとき偶然の間合いが働いてそうなった。和菓子を近所におすそ分けしようとしたら、適当な容れものが見つからなかったのだ。けれども、ぺしょりとラップで包むのは嫌である。半分取り分けたあとのわびしげな紙でがさごそ包み直すのもしょぼくれて、なおさら嫌だ。ええと、と思案を巡らせていたら戸棚の奥の新品の弁当箱が「私ではいかがでしょう」と名乗りを上げたのだった。

この真新しい弁当箱を買ってからもう一年も経っていたのに、出番はいっこうに来なかった。私は弁当箱を使う機会を失っていたのだ。

娘が高校を卒業するまでの十八年間、ずっと弁当をつくり続けてきた。もちろん給食に助けられもしたが、日曜も祭日も早朝から電車に乗って部活や練習試合に向かうとなれば、私も眠い目をこすりつつ暗いうちから台所に立ち、朝ごはんと弁当をこしらえたものだ。最初の頃こそ「なんたる労役」と手間を嘆いたが、結局弁当を持たせなければ気がすまなかった。

弁当をつくる。弁当を食べる。それは、家族をつなぎ結ぶ手紙のようなもの。だからありのまま、正直がいいと割り切った。起きるだけでせいいっぱいの朝は、ごはんの上に炒り卵と海苔だけで「今日はごめん」。けれど、気が向けば友だちのぶんまで砂糖をまぶした揚げパンまでつくったりして。そして、たとえ喧嘩をした日でも、弁当箱がからになって戻ってくれば理由などいいのに安心できた。

じつは、そんな歳月が降り積もった弁当箱も、木のわっぱである。「もっとかわいいの、買ってよう」。中学生の頃は何度もせがまれたが、私は押しつけがましいのを承知で使い続けた。そして高校生の時分にはこっくりと風合いを深めたそれは、いつの間にか娘の「自慢の弁当箱」に育っていた。

木の弁当箱を使いながら、娘は私とどんな会話を交わしていたのだろう。さて、出ずっぱりの十数年をくぐり抜け、今では濃茶に色を変えたその弁当箱は戸棚の奥、静かに鎮座している。家族の誰も、今では弁当箱を使わない。お務めを終えた姿は哀愁を誘い、胸つぶるる思い。だから私はいたたまれなくて、使うあてもないのに新しい木の弁当箱を買ってしまったのだろうか。

和菓子が並ぶさまは、口に出さなければ誰もただの弁当箱とは想像もできない晴れやかさ。そのすがすがしい風情に背中を押されて、私はしばらく眠りについていた娘のあの弁当箱を再び手に取ってみる。たとえば、家族の誰かの帰りが遅い夜。「もしおなかが空いていたら」と、おかずだけ詰めて置いておく。みな寝静まっていても、弁当箱が「お帰りなさい」。

弁当箱のふたを開ける。その一瞬には胸高鳴るときめきがある。たとえなかに弁当が入っていても、いなくても。

茶筒

お茶の時間の幕開け

おいしいお茶を淹れるのはむずかしい。いつどんなときでもぴたりとおいしいお茶が淹れられるようになりたいものだ。ずっとそう思ってきた。しかし、どうやらまだまだ年季が足らぬようである。

お客さまの帰り際、「まあまあ、その前にもう一杯」と自分から引き留めたくせに、台所に引っ込んだら「もたもたしてちゃいけない、手早く淹れなきゃ」なんて、勝手に気持ちが急《せ》いている。なのに「とびきりおいしい玉露を」などと気張るものだから、気持ちの方向がまったくちぐはぐ。だって、ことに玉露ならばゆったり悠長に構えて淹れるのが最大のこつのようなものだから。結局、気が焦って淹れるお茶はからきしだめである。

そんなことを教えてくれるのもまた、日々のお茶である。ひと仕事片づけてあわただしさを押しやり、ぽかんと過ごしたい昼下がり。または晩ごはんを終えて、おなかも時間も余裕しゃくしゃく。こういうときに淹れるお茶は、自分ながら「結構なお手前で」と悦に入る味わいだ。

湯の温度。葉の分量。淹れる時間。注ぐタイミング――すべてがぴしゃり。ひとくち啜ると、茶の香味がじわーっと豊饒にあふれ出す。そんな味わいを舌の上にのせた瞬間の、あの心の弾みといったら。と同時に、ふわあっと気が緩み、いよいよなごみの時間が始まる。

さて、「お茶でも淹れましょう」とすっぱり腰を上げる瞬間も、私はたいそう好きだ。自分でしゃきっとひと区切り、その思い切りのよさが、日常のずるずるに効果満点の句読点を与える。

台所に立って戸棚を開く。ずらりと並ぶ茶筒。さて、どれにしよう――いちいち開けなくとも、中身は手が覚えている。そば茶。煎茶。玉露。台湾の清茶。イギリスのヨークシャーティ。ここ何年来お馴染みの面々だ。茶筒に触れるその瞬間、じつはもうお茶の時間は始まっている。句読点のつぎの始まりはスパッと鮮やかにいきたくて、だからこそ私は使い心地のよい茶筒を揃えておきたい。

ふたを引っ張り上げる。五本の指に伝わる微妙な空気の抵抗感。次に中ぶたを取る。またもや空気の抵抗がふわり。しまう段も同じこと。ふたを押し下げる。と、真円の縁から見事なまでに均等に外へ追い出されていく空気……そして、ふたは本体と寸分違わずぴしゃりと着地。この爽快さはどうだ。京都のブリキ職人の手技がつくりだすこの茶筒なら、内側の余計な空気が追われ、完璧なまでにきっぱり遮断されて、茶葉は湿気ることも風味を失うことも決してない。

茶葉の袋ごと輪ゴムでくるくる巻いたのを冷蔵庫からがさごそ取り出すなぞ、最初からお茶の時間がしみったれるようで嫌である。鮮度は長持ちするのだろうが、凍え切った茶葉を冷凍庫から取り出すのはのっけから興醒めである。

茶筒を揺らせば、しゃしゃっと機嫌のよい軽やかな音。ぽん、とふたを開ければ、いつもの茶葉の香り。そんな茶筒が味方についていれば、まずは太鼓判を押されたも同然。お茶の時間は年中いつでも気持ちよく幕を開ける。

いや、ブリキの茶筒だけがすべてではありません。空気の遮断に長《た》けたものなら、瓶でも空き缶でも。ただし、どんなに密閉できても外光を通すガラスだけはいただけない。私のそば茶入れは香港のオリエンタルホテル謹製、開け閉めがめっぽう簡便なチョコレートの空き缶だ。

さて、十日ほど前のこと。ひと休憩して煎茶でも、と茶筒をいそいそ手に取った。「わっ開かないっ」。ようやくこじ開けたらなんてこった、前回誰かがうっかり乱暴に閉めてしまったとみえて中ぶたが斜めに固くねじ入っており、全体がわずかに湾曲している。あわてて京都の製造元に電話をかけ、善後策を尋ねたら「こちらで修理をするからそのまま郵送するように」とのお達しであった。

「お茶の時間は始めから終いまで、急《せ》いては事を仕損じる」

茶筒は身を挺してそんなことまで教えてくれた。

ろうそく
夜の暗さのなかの物語

「あれ？　天井に照明がないんですね」

「ええ、なにしろろうそく生活なので」

夏なんか本当に気持ちがよくて。そう言葉を継ぐと、お客の半分はハァ、と返答に詰まって視線を泳がせる。

うちへ戻って最初に片づける用事は、一年中あいもかわらず同じである。まだ薄暮のうちでも、とっぷり夜が更けていても。私の足はまず居間へ向かう。マッチを擦って、ろうそくに灯を灯すのだ。いつのまにか習慣になって以来、もう何年過ぎたろう。

テーブルの上に、ふたつ。水屋簞笥の上に、ひとつ。気が向けば小さいのをもうひとつ。暗闇のなかにぽっ、ぽっ、ぽっ、灯りが静かに浮かび上がる。部屋のあちこちにはテーブルライトや間接照明から洩れるオレンジ色の柔らかな灯り。

二分、五分……時が重なるにつれていくつもの灯りの輪郭が滲み、少しずつ混じり合い始める。

ぼっ、が次第に、ほわあ、に変化する。

闇が、ゆっくりゆっくり溶けてゆく。

どんなに忙しくても、ろうそくの灯りをぼんやり眺めていればもうそれだけで、荒い波立ちもにわかにおさまる。ざわざわ落ち着かぬものが、すうっと散ってなりを潜める。おまけに開け放った窓から夏の心地よい風が流れこんできたなら、足先は床を離れ、魂はふうわり宙を飛びます。

ろうそくの灯りと出会ったのは、幼い日のことだ。ちゃぶ台を囲んでいると、前触れもなくブチッと電気が切れた。

（あ。停電だ）

父も母も妹も、目の前のごはんも味噌汁も闇のなかに掻き消える。昭和三十年代、電気はいきなり消えるものだった。

「そのまま動きなさんな」

暗闇でぴしりと声が飛んだあと、引き出しを開ける音。

しゅっ。勢いよくマッチを擦る音。

次の瞬間、ちゃぶ台の中心で暗闇に穴があく。柔らかなろうそくの炎の揺らぎが、ついさっきまでいつもと何の変わりもなかった夜をすっかり塗り替えていた。

けれども昭和四十年、お勝手がシステムキッチンに、和室が応接間に変身した新築の家に引っ越したら、夜はピカピカ明るくなった。そして、密かに暗闇に胸躍らせたことも、じきに忘れ去ってしまった。

谷崎潤一郎『陰翳礼讃《いんえいらいさん》』を持ち出すまでもなく、そもそも日本の暮らしには闇がもたらす光と陰の奥行きがあった。夜の暗さのなかに物語が息づいていた。

つくり出そうと思えば、いくらでも空想に身を沈めることができる——そう告白するのは永井荷風だ。『濹東綺譚《ぼくとうきたん》』の一節に、こんな情景がある。

「(前略)その頃に七《なな》、八日《ようか》ごろの夕月が懸《かか》っている。空の一方には夕栄《ゆうばえ》の色が薄く残っていながら、月の色には早くも夜らしい輝きができ、トタン葺の屋根の間々からはネオンサインの光と共にラディオの響が聞え初める」(岩波文庫)

時間の間《あわい》に織りなされる複雑な陰影。その一瞬に荷風の姿が浮かび上がる。そうして荷風、いや主人公・大江匡《おおえただす》は土手から降り、繁華な横丁に連夜紛れていく。木村荘八の挿画が夜の暗さに呼吸を与える「夜歩き」のこの小説もまた、もうひとつの陰翳礼讃。

暗闇を取り戻したい。暗闇のなかに封じこめられてしまったひそかな息づかいを、暮らしのなかに蘇らせたい——ろうそくの灯りにこだわるのは、つまりそういうことなのかもしれない。そして私は、親しい暗闇の記憶をたぐり寄せる。夜空に打ち上がる花火。じじじ、と手もとで音を立てかそけき光を散らす線香花火。蛍の光。天の川。お祭りの提灯。灯籠。蚊取り線香の先の赤……。

夏なのだ、どれもこれも。夏の闇には涼やかな風が通っている。そこへろうそくの灯りが灯れば甘やかな儚さが宿る。それは、くぐもった冬のろうそくの重みとは別世界だ。

電気をひとつ消そう。代わりに灯りをひとつ灯そう。なりを潜めていた暗闇の物語が、にわかに目の前に姿を現す。

手土産

やっぱり消えものに限る

明日、世田谷のお茶の先生のお宅を訪ねる用があった。はて、どうしたものか。ハツネさんは思案顔である。

手ぶらでは、ちょっと。さりとて、おおげさになっては具合が悪い。

自分が口をきいて、無理を承知で社中にくわえてもらった知人が数ヶ月のうちに転勤することになった。先方の都合とはいえ、ひとしきり騒がせた格好になってしまったからには足を運んでじかに頭を下げ、御詫びの口上を述べなければ先生に申しわけが立たない。

さて、なにをお持ちしたらよいかしら。こういうとき、決まってハツネさんの脳裏に蘇るいくつかの記憶がある。

久しぶりに遊びに行かせてよ。電話があった一週間のち、知己が茶飲み話に訪れた。わあ久しぶり。玄関先でにぎやかに挨拶を交わしたあと、「あ、これ」。ついと差し出されたのは、家のすぐ裏手の果物屋の包みなのだった。

ハツネさんはぞわっと粟立った。数十メートル手前で手ぶらが急にバツが悪くなった。せいぜいがそんなところというわけか。「いや、そこまで見通す自分というのも性格の悪い女だな」。どっちにしても居心地が悪いまま、ハツネさんは包みを受け取ったのだった。

ところが、こんなこともあった。

年若い友人が晩ごはんを食べにやってきた折、包みを取り出した。

「きっとお好きだと思って」

それは、あらかじめ何日も前に予約を入れて取りにいかなければ買えない老舗の洋菓子店のクッキーなのだった。入手の困難さを知っていたハツネさんは、言葉には出さなくとも、ひたすら恐れ入った。そして、こころから感謝した。缶を開けるたび相手の気遣いがそこに溢れているように思われ、以来その洋菓子店の名前を耳にするたび、決まってあたたかなぬくもりをハツネさんは覚える。

手土産は、ときおりやっかいだ。「わあ、ありがとう」。無邪気に喜びたいのに、ふいに予期せぬ感情がまとわりつく。紙の手提げ袋ごと突き出されるより、はらりほどかれた風呂敷から現れる菓子折のほうが、なんとはなしありがたみが増す。とはいえ、風呂敷に包めばいいってものでもない。いわんや、値段の高い安いなんか、ちっとも関係がない。

子どものある家なら、数が多くて、小分けされていて、日持ちがして、手で食べられるおやつ。親が切り分ける手間も省けるし、多いだの少ないだの無用な喧嘩のたねにもならない。いっぽう、人の数のわからない場なら、ワインや日本酒や、つまりどうとでもなる「液体」。老齢のご夫婦ふたり暮らしであれば、生ものは避ける。どんなに新鮮でも、生ものは相手をせっつくから。

ハツネさんは考える。とにもかくにも手土産は消えものに限る。すっきり跡かたがなくなるし、押しつけがましくない。

――ようやく自分にも、そのあたりの塩梅が汲み取れるようになってきた。おはぎを山ほどいただいて汗だくでお裾分けに走ったり、はたまた相手が甘いもの嫌いだとうっかり忘れて、大自慢で焼きたてのきんつばを差し出してばつの悪い思いをしたり、ああ今となっちゃすべて経験のうちちってことだったのだわ。

さて、子どもの時分のことだ。ハツネさんの父は高校の校長をしていたから、なにやかや来客が多かった。ある日遊びに出かけて帰ってみると、台所にお菓子の包みが見つかった。応接間からお客と談笑する父の声が聞こえる。やった、絶好のおやつだ、そら食べちゃえ。

べりべり紙包みを剝がしてケーキに手を伸ばしたその瞬間、応接間から下がってきた母がぴしゃりと鋭い声で刺した。

「だめっ。お帰りになってからっ」

こっぴどく叱られたあの日、手土産にもいただきかたというものがある、ハツネさんはそう知ったのだった。

さて、と。明日の手土産なににしよう。結局はこうして相手の顔を思い浮かべてあれこれ考えを巡らせる時間が、ハツネさんはたいそう好きである。

エプロン

実用本位でいきたい

「殿方」という言葉を聞くと、ぞわっと背中が粟立つ。

男は自分で「殿方」とは言わない。口にするとしたら女のほうだ。

「殿方は、あちらへいらして」「やだ、殿方はそんなこと仰《おっしゃ》るから、もう」

懇切丁寧な言い回しで気を遣っていると見せて、そのじつ巧みに媚《こ》びが交じっている。

ま、だからこそ「殿方」と呼ばれりゃ、誰だって悪い気はしませんわね。

エプロンもおなじことではありますまいか。いったい、台所で料理に精出したり皿洗いに励む女のエプロン姿、というものに反感を抱く男がいるだろうか。

「好きか、って聞かれりゃ『好ましい気はする』。嫌いか、って聞かれりゃ『嫌う理由は見つからない』。コスプレじゃないんだからさ、とりたてて拒否するわけにもいかないでしょ」

せっせと意識調査に励んでみたら、十人中九人がそう口を揃えた。そのうちのひとりなど、声を潜めてつけ加えてくれたものだ。

（あのね、「裸でエプロン」姿で台所に立ってもらう、ってのが高校生のときからの一生の夢なのよ、オレ）

やれやれ、誰でもいいから早いとこ夢を叶えてやってくれ。

また、ひとりはこんな告白をした。

「エプロンって聞くと、条件反射でもの哀しい気持ちになります」

家にいるときエプロンを肌身離さなかった母親と十三のとき死別してから、エプロンには亡き母親の面影が重なるのだという。当人が望むと望むまいと、エプロンにはどこか体温がつきまとうもののようである。

男と女のあいだでは、だから、微妙な温度差があるのは当然のことだろう。

「自分のうちでは、面倒だからエプロンはつけないけれど、夫の家に行ったときは必ずエプロンつける」

すっぱり一刀両断、その温度差と違和感を斬ったのはミカちゃんだ。嫁のパフォーマンスをもり立てる小道具としてエプロンを味方につけ、最大限に活用している。アッパレである。

すかさず独身のナナちゃんがうなずく。

「私も、油がハネる料理のとき以外はエプロンつけない。だって照れるんだもん」

汚れ防止の道具にはするけれど、それ以外のときのエプロンは「がんばってる衣裳」みたいで気恥ずかしい。

いいや、私はエプロンがないと困ります。異議を申し立てたのはサトコちゃんだ。

「エプロンさえしていればどこからでもかかってこい、完全武装の気分です。それに、財布、輪ゴム、ハンコ……なんでも入れておけるからドラえもんのポケットみたいだし」

見た目は二の次、実用第一。自分で縫った腕カバーまで装着するというサトコちゃんは、第一子出産間近。働きもんのお母ちゃん間違いなしだ。

「あのね、のんきにエプロンが好きだの嫌いだの言ってられないのよ、あたしたちはさ」

黙って聞いていたエリちゃんが、くいっとビールをあおる。魚屋の女房のエリちゃんは、小・中・高と三人の子持ちだ。

「エプロンしてなきゃ店ではすぐびしょびしょになるし、奥の自宅に引っこんだり店に出たりするたび、いちいちつけはずすのが鬱陶《うっとう》しい」

だから、朝起きて夜寝るまでエプロンつけっ放し。文句ある？

いや、めっそうもありません。ようするに、エプロンは本人の慣れと必要しだい。だって、市場のゴム長エプロン、きもの姿の割烹着、カフェのギャルソンやソムリエのエプロン……実用本位のエプロン姿は、寸分の隙なくかっこいい。そして、気持ちの余裕も時間もないままエプロン姿で買物に駆け出すお母さんは、いつの時代も街に輝くスーパーヒロインだ。

さて、そんな私が台所でするのはせいぜい腕まくり、めったにエプロンに手を伸ばさない。

うつわの収納

空間の意外な機能性

食器棚のなかの話である。いやまったくオハズカシイ。ぎっしり満員すし詰めだ。もはや山は上へ重なるほか手はない。けれども下が上の重みに耐えかね、悲鳴を上げる寸前――そんな無謀極まる食器棚の内実である。

というわけだから、しじゅう「一体どんなふうにうつわを収納しているのですか」と問われるけれども、大見得を切って自慢できるほどの「収納法」などなにひとつないのです。

しかしながら、きっぱりそう言い捨ててしまうには、少しばかりの抵抗もある。「収納の技」など隠し持ってはいないが、ことうつわを愛することにかけては人後に落ちぬ。その甲斐あって会得したのは、「無駄な遊びの空間」にこそうつわにとって大きな意味があるということ。

横幅一八〇cm、高さ九二cm、奥行き五七cm。ずしりと重量感を放つ明治の頃の東北地方の水屋箪笥が、わが家の食器棚である。大の男がふたりがかりでようよう運び込んだが、いったん居間に鎮座したとたん、もう何十年も前からその場所に根を生やしていたかのような堂々たる様子に、私は目をぱちくりさせた。二年間探し続けた水屋箪笥は、すとんと心地よい音をたてて収まったのである。十七年前、釣瓶《つるべ》落としの夕暮れであった。

いやぁ入ること、入ること。私は、「食器棚なら水屋箪笥」と目星をつけた自分の快挙にドドーと花火を打ち上げたい気分であった。たっぷりとした横幅と奥行きが、あたかもブラックホールのようにうつわの数々を呑み込む。驚くべき収納力は、うつわ好きのやる気をがぜん鼓舞した。

おや、うつわの上の空間、もったいないんじゃあないの？　このデッドスペースを活用すりゃ、三倍は収納できるんじゃあないの？　ほどなく、そんな「生産的な計画」が頭をもたげた。よし、上の空間に吊り棚をこしらえよう。一分の隙なく見事に空間を生かした傑作収納棚に仕立ててみせましょう。

私は巻き尺片手に割り算足し算、ミリ単位まで綿密にはじき出した棚板の寸法表を作成した。さあさあ、いざ「東急ハンズ」へ。得意気に紙片を握りしめる私に、連れ合いがぼそりとつぶやいた。

「あのさ、奥のうつわ、どうやって取り出すんだ？」

「……」

考えてもみなかった。そうだった。その通りだったよ。吊り棚をつくれば入るうつわの数は一気に増大するが、棚が覆い被さるはめになる場所のうつわには手が届くはずもない。それどころか、幽閉状態――。

夢破れたり。計画は頓挫である。

ところが一方、私は期せずしてこの収納棚の機能性を思い知ることになった。見やすさ。持ちやすさ。取り出しやすさ。仕舞いやすさ。じつはこれらもまた、うつわを収納するときの大切な機能だったのですね。

隙間なく整然と仕舞い切るだけが収納ではない。なかを一目瞭然すっきり見渡すことができ、手を伸ばせば一番の奥の一枚までなにも邪魔されず持ちやすく、すいっと取り出せる。そして使い終えて再び仕舞うときも、一切の煩わしさを感じず、もとの場所へ簡便に戻してしまえる。うまい具合に収納するということは、次につながる使いやすさを導くことなのだ。水屋箪笥を使い始めて五年が経ったころ、ようやく私はそのことに気づいたのだった。

日本のうつわは、つくづく罪つくりである。盛ったときの美しさ。食べ進むにつれ、刻々と表情を変化させる情趣。食べかけを無残に映してしまう洋のうつわでは、決して味わうことのない景色を映し出す。そんな言いわけを盾にして、あぁまた一枚、またもや五客ひと揃い……。

自分の行きあたりばったりに首絞められつつ、結局「どのうつわもまんべんなく使えてりゃ、ま、いいか」と、水屋簞笥に助けを求める。

皿洗い

楽になるための金科玉条

以前は皿を洗うのが苦手だった。いや、嫌いだった。ああおいしかった、そのあとに、なぜ労役がくっついてこなければならないのだ。親もとから離れてひとり暮らしを始めたとき、私はその理不尽を呪った。台所に重なる汚れた皿がうらめしくて、私は抵抗を試みた。てきぱきなんか洗わんぞ。敵の軍門にあっさり降《くだ》るのが悔しくて、皿まで憎い。ええい腹が立つ。そのまま放置してみたものの、油はへばりつき、汁は澱《よど》み、着々と深泥ケ池と化し、それでも依怙地になって見て見ぬふり。しかし、三日三晩の抵抗戦線を張ってみても、結局は白旗を掲げるほかないのだった。

料理をつくる。つくって食べる。あちゃー迂闊だったよ、それは自分で皿を洗うということでもあるのだった。あたりを見回しても、「洗うひと」はどこにも見つからないのだもの。詐欺にでもあったような気分だったが、思い出せば、母と祖母は皿洗いが終わらなければ茶の間に坐らなかった。皿洗いを手伝う日がたまにあっても、それは気が向いたときの点数稼ぎでしかなかった。

なるほど「つくるひと」は「洗うひと」でもあった。生活をするということは、つまり、洗ったり片づけたり掃除したりすることでもあった——世の理《ことわり》である。暮らしのじっさいというものは、そこを渋々呑みこむところからスタートを切るほかないのだった。

さて、自分で自分の世話をしていれば済むかと思えば、そこから先がまだあったとは。

「あたしね、どうでもいい皿をストックしといて、むしゃくしゃしたときにぶつけて割るのよ」

年子の幼児ふたり抱えて共稼ぎ。あのとき確かニシダさんは三十六だった。

「私ひとりで晩ごはんつくってお皿洗って、でもあっちはテレビ観ながら煙草吸ってるわけよ」

がっしゃーん。派手な音を立てて飛び散る破片に、オンナの情念の炎が燃えさかる。

うへ、こわいよ。

「ところで、あなたんとこは？」

ええとうちは……「大変そうだから、皿はオレが洗う」。紆余曲折ののち、結局そういうことに落ち着いたと言えもせず、私は曖昧に言葉を濁したのだった。

皿洗いひとつ、難儀なことである。ただし、重荷はちょっとした背負いかたでずいぶん楽に担げるようになる。以下は、私の金科玉条である。
①「片づけはあとでゆっくり」は禁物。いったん腰を落ち着けたら、台所に戻る気は絶対失せる（自分を信じるな、ってことですね）。
②すぐ洗えば洗うほど汚れが落ちやすく、皿洗いの時間と手間は短縮できる。
③汚れた皿は重ねて運ばない（これだけで負担は半減する）。
④鍋釜類は料理を終えた時点で勢いに乗って洗ってしまう（汚れた鍋と皿に同時に襲われれば、たちまち討ち死）。
⑤ブラシで洗う。手がたいして濡れなければ、おっくうさは驚くほど激減する。
やれやれ、オトナの知恵と工夫には涙ぐましいものがある。ところで、もうひとつ、私にはこっそり隠し持つ秘術があります。それは、考えごと、である。

皿洗いをしいしい、ああだこうだひとり勝手に考えを巡らせる。こないだ観た映画、化粧品の買い替え問題、出しそびれているはがきの文面、人間ドックの行きどき……すると不思議なことに、あっというまに時間が経つ。もしくは、考えごとをしているつもりが、いつのまにやら頭のなかがぽかんと空白。「あれ、もう終わっちゃうの」てなもんだ。この爽快さを、むしょうに味わいたくなるときがある。

「あ、今日は私がお皿洗う」

「いいよいいよ、オレが洗っとくよ」

すっかり根づいたありがたい習慣に、わざわざ水を差して交代するのもやぶへびだ。
皿洗いは、かくしていつまで経ってもやっかいなことではある。

空き箱
唯一無比の収納道具へ

捨てたいのに棄てられないのは、なにも腐れ縁の宿六や愚妻ばかりではない。捨てたい。でも、もったいないかも。後悔するかも。いつか役に立ってくれるかも。いろんな「かも」が頭のなかにぐるぐる渦巻いて呪縛がかかる。自分で自分にかけてしまった縄ほど、ほどくにはたいそう難儀をする。

そんなわけで、たまっていませんか、空き箱。

空き箱というものには、なんとはなし湿度がまとわりついている。満ちていた中身が、すでにそこにない。おかげで、うらめしげなオーラがじわり漂う。「あるはずのものが失われている」、そのさみしさに肩を落としてしょげる風情に気を引かれてしまえば、もはや空き箱はあっさり打ち捨ててしまえない。

空き箱の呪縛はひとの運命をも動かす。

こんな話がある。あるところに前代未聞の片づけ下手な妻がおりました。家のなかは足の踏み場もなし、空き箱が棄てられないなど朝飯前、届いたお中元お歳暮もそのまま野放図に積み重なるばかり。半年経つころにはすえた臭いが漂い始め、夫は帰宅後すぐさま窓を開けて風を入れ替えるのが長年の習慣になった(本人談)。そしてある日のこと、しばらく開けなかった二階の四畳半に足を踏み入れて、彼は戦慄した。扉の向こうぎっしり天井まで、四畳半は空き箱の山に埋もれていた!

嘘をつけ、ですって? 確かにホラー映画さながら。けれども嘘偽り一切ございません。くだんの夫婦は、夫から申し出された協議離婚が泥沼化、つい先ごろ離婚調停にて決着がついた由。空き箱が勝利の女神となって微笑んだ(本人談)とのことである。事実は小説より奇なり。

しかし、ひとごとと笑ってはいられない。じっさい、この私の部屋のかたすみにも空き箱が数個、じっとり座っている。煎餅の箱の千鳥柄がかわいいから。クッキーの空き缶の大きさが使い勝手がよさそうだから。スイスのチョコレートの小箱が宝石箱みたいに美しいから……。棚の奥に積み重なって場所塞ぎのまま、無為に三年、五年が過ぎてゆく。

そんな自縄自縛をほどく道は、なにしろ使うこと以外にないのである。空き箱を再びナニカで満たしてやれば、たちまち空き箱は空き箱でなくなり、そこで初めて呪縛も解ける。

ただし行く手は、はっきり分かれる。分水嶺はただひとつ、「みみっちい情けなさ」のあるなし。ここである。

決して二次利用の匂いなんか漂わせてはいけません。それが昔、空き箱だったことさえ思い出せないような、そんなツボにはまった生かし方をしてやらなければ。棄てられないから、しかたなく――そんな気分のうろこがどこかに貼りついていれば、空き箱はがぜんみみっちい空気をふんぷんと振りまくのである。

この道より進む道はほかになし、寸法、容量、材質、すべてハマって堂々胸をそっくり返らせる道を用意してみたいから、しきりに考えを巡らせる。空き箱ひとつ、うんうん頭をひねる。そうして膝をぽーんと叩いたその瞬間、世界の中心で、空き箱は逆転の勝利を叫ぶ。

有無を言わさぬ「もと空き箱」はかっこいい。あれは千駄木の饅頭屋。勘定場の座布団の上、編み針を忙しく動かしている白髪のおばあちゃんの傍らに、『小学三年生』付録の組み立て紙飛行機キットの空き箱。はてな？　訝《いぶか》しんだそのとき、おばあちゃんが箱のふたに手をかけた。

おお。私は思わず唸ったものだ。箱の長さぴったり、編み針がずらりおさめられているではないか。空き箱はすでに唯一無比の収納道具に出世していた。いや、それよりなにより、孫の空き箱を目にして「イケる！」と直感した果敢な攻めの姿勢と気概と洞察力。おばあちゃん、そんなあなたがすてきです。
捨てたいなら棄てましょう。捨てたくないなら手を組みましょう。ぐずぐずうじうじ、
腹が据わらないのが一番いけない。

土瓶

のんきなティータイム

古ければいいというわけではありません。しかし、だからこそできたこと、つくることのできた味というものが確かにある。

窓ガラス越し、秋の陽射しが背中でぬくぬく日溜まりをつくって眠りを誘う。ぬくみはしだいに小波を広げ、輻射熱《ふくしゃねつ》のようにからだぜんぶ、そのうち居場所ごと抱きこむ。このまま溶けてしまいたい秋の昼下がり。

日溜まりは、縁側。縁側には座布団。座布団のとなりには土瓶。あまりにありふれていた日常の風景がすがたを消してしまった。もう戻ってこない、おいそれと手に入らないと知ってしまえば、あのころが泣きたいほどなつかしい。

土瓶には番茶である。ときには焙じ茶、玄米茶。いちどきに熱い湯をたっぷり注いだ持ち重りのする土瓶が座の近くに置かれれば、もうそれだけでひとときの安寧が約束された。ようこちゃんゆっくりしていきなさい。おばあちゃんは繕《つくろ》いものでもしようかねえ。祖母の家の縁側には、こうしてただ閑《のど》かにぬくみがふくらんでゆくのだった。

急須ではだめなのだ。そんなときはやっぱり土瓶でなくては。

一滴残らずキレよく淹れ終えた急須のなかは、いつだってすっきりさっぱりからっぽである。けれども土瓶ときたら、蓋を開ければそこには茶が揺れていてほしい。ざぶざぶ淹れて、勝手に飲んで、気がねなんかいらない、一切おかまいなし。のんきなところに味がある。だから、今日は急須ではなく、土瓶。すなわち淹れるお茶もおのずと決まる。

さて、いよいよ松茸のおいしさも絶好調、年に一度は風流に土瓶蒸しといきましょう。そう話がまとまって、料理屋で松茸の土瓶蒸しを頼むことになった。土瓶のつるに手をかけて傾けたとたん、気恥ずかしいほどたっぷりと芳しい香り。渦に巻きこまれて秋の里山をひとりさまよっていたら、「あ」。小さな叫び声を上げたひとがいる。

「なつかしいなあ、汽車土瓶」

最初に駅弁が売られたのは明治十六年だが、いっしょにお茶が販売されたのは明治二十二年、静岡の駅弁屋が陶器のいれものに入れて売ったのが始まりだといわれる。それが汽車土瓶だ。

記憶の糸は、いったんほぐれれば過去の情景をコマ落としで見せる。あれは昭和四十二年、鳥取砂丘にでかけた家族旅行のときだ。みなの膝のうえにはやわらかな酢飯の香り漂う蟹寿司の折詰と冷凍みかんがあり、窓際にはちょこんと汽車土瓶が揺れていた。汽車土瓶の蓋のうえには小さな碗がひとつ、伏せてかぶさっている。

（四人もいるのに碗一個しかないよ）

記憶のコマは、そこでぱたりとおしまい。とるに足らないかけらだが、不意を衝いて戻ってきた古臭い「きしゃどびん」の響きがずきりと胸を抉《えぐ》って、なぜか痛い。お、そういえば「どびん」の音はミシンのボビンケースの「ぼびん」とそっくりじゃあないか。そしてわたしは土瓶蒸しの蓋を開けて銀杏や松茸に箸を伸ばしながら、今度は一足飛びに数年をまたぎ、小学校の家庭科教室に飛ぶことになるのだった。

これまた、のんきな土瓶のおかげなのである。

ところで、わたしのうちの土瓶はふたつある。ひとつは出雲・出西窯の白掛地釉土瓶。もうひとつは伊賀・土楽窯《どらくがま》の火にかけられる灰釉土瓶。たっぷりおおらかな出西窯の土瓶は、ざぶざぶ気がねのいらないお茶のときに。直火にかける土瓶はハブ茶や野草茶、麦茶やコーン茶、つまり煮出すお茶のときに。どちらもおなじ、昔ながらの土瓶で淹れたお茶はゆるくて座りのよい味がする。

熱い湯がじくじく厚い土肌をあたためてゆく。いったん熱を抱きこんだ土瓶はぬくい陽溜まり。時間を誘いこみ、とうに忘れていた遠い日を連れて帰ってくる。

重し

臨機応変で行く

重みのある人間になれるとはとうてい思わぬが、ここ一番、重しのひとつくらい利かせられる奴にはなってみたいものだ。

つらつら思いつつ人間商売やってきたけれど、そもそも自分がなにがしかの重しを携えているのやらいないのやら、そこからしていまだ覚束ない。

ところで、その重しっていったいなんなの？　ええとすみません、じつはよくわかんないです。

重しなどとたいそうに構えるから、うっかり勘違いする。ま、かんじんなときに肝さえ据わってりゃどうにかなるんじゃないの。肝の据えかたはさておき、結局は穏便なところに落ち着いて、情けなくも早々に話はうやむやである。

重し、と聞いただけで妙に反応してしまうのは、きっと漬け物石のせいだ。子どもの時分、祖父母の家に遊びに行くと、台所のかたすみに赤ん坊の頭ほどのでかい漬け物石が転がっていた。ごろんと所在ない様子はいかにも間抜けで、無用の長物を絵に描いた様子であった。

ところが、ある冬のことだ。台所におやつをもらいに入ると、件の漬け物石が瓶《かめ》の上にどかっと腰を下ろしている。やけに重々しい空気であたりを圧して、なにやらえらそうだ。不意打ちを食らった気分で漬け物石がのっかった木ぶたの下をのぞきこむと、そこには漬けたての白菜が重なっているのだった。

「この重しがなければ」

この重しがなくちゃうちの白菜漬けは漬からないのよ。漬け物石に視線を遣った祖母の眼差しが語っていた。

そうか。重しというものは、いざというとき役に立ってみせるものなのだな。ふだんはごろごろ遊んでいても、このときとばかり見事に任務完遂するものなのだな。漬け物石をわが墓石にしたおひとだっていると聞く。そしてわたしは、にわかに漬け物石を畏怖した。

さて、いざ自分で台所仕事をするようになれば、重しが必要な局面にたびたび見舞われる。でかい漬け物石では、かえって足手まとい。ここ一番などともったいをつけて構えていられては、こっちが困る。ひょいひょい腰の軽い重しでなくては用をなさない。だって、欲しい重さはそのときどきまるで違うのだもの。

豆腐の水切りしなくちゃ。キャベツにひと塩振って、大急ぎでしんなりさせなきゃ。車麩や干ししいたけを水に浸して、手早く戻さなきゃ。はたまた、鶏肉をソテーするときは直接ひと押し、にらみをきかせる重しがなくては。上からきゅっと肉をフライパンの肌に押しつける重しひとつあれば、皮はさくさくパリッパリに焼き上がる。必要な重さの加減は、ことごとく微妙に異なるのだ。

だからこそ、重しは漬け物石ひとつではことがおさまらない。そう気づいてしまったからには、皿まわしの芸人よろしく、そこいらの皿さえ重しに見立てて一枚の重さを操ってみたくなる。

たとえばこんな具合です。

豆腐を炒めるときはしっかり水気を切って固く締めたいから、豆腐の上にずしり皿三枚。雷豆腐なら、多少の水気も残しておきたいので皿二枚。今日の木綿はやわらかめだから、皿一枚に缶詰ひと缶。気が急いていたとき、豆腐の上にまな板をのせて鉄瓶を置いてみたことがあったのだが、たちまち豆腐ぜんたいが工事現場のビル爆破みたいにぐしゃりと崩壊した。

ま、ようするに重しというものは臨機応変、適材適所。考えてみれば、漬け物石だって、その家の漬け物に必要なだけの重さの石を探し出して調達した工夫のたまものに違いない。必要な重さを、必要なだけ、必要な場所にぽん。それでその場がすんなり解決すれば、万事オッケーである。

やっぱり、そうだったんだよ。重しはえらそうに隠し持つばかりが能じゃないの。そこそこ使える重しを繰り出し、繰り出し、どうにか折り合いつけながらやっていければ、あとはぶらり風まかせ。ジンセイ、これでいいんじゃないの。だめ?

あとがき

日々に穿つ楔

わずか電話一本、行ったこともない京都の老舗の鍋セットとか北海道のたらばがにとかトスカーナの搾りたてオリーブオイルとか、つまりお金さえ出せばなんでも手に入る時代である。もちろんその便利さおいしさはいうまでもないのだが、いっぽう「金に糸目はつけんぞ」といくら騒いでみても、けっして買うことも出合うこともできない味がある。買えない味。そのおいしさは日常のなかにある。

昨夜こしらえたいもの煮っころがしは、今朝はずしりと腰のすわった味わいだ。おかずの汁のしみたごはん。ざぶさぶ淹れた土瓶の番茶。うっかり捨てかけただいこんの皮だって、塩もみをして煎りごまでも振ればたちまちりっぱな酒の肴である。風の通り道にぶら下げて塩梅よく干した肉となれば外で買えるはずもなく、乾かしかげんを自分ではかりながら思わず舌なめずりする。

だからこそ、のっぴきならない味。飽きずにいつでも食べたくなる味。たまらなく恋しい味。

毎日の台所のなかに、ただ「おいしい」のひとことではすませられないそのような味が数かぎりなく潜んでいると知れば、これはもううかうかしてはいられない。買いに走るのも食べに行くのも好きだが、自分のすぐ身のまわり、これも譲れない。なにしろ味というものは、さもないキャベツ炒めや醤油一滴、または酸っぱくなった白菜の漬けものにさえさまざまに宿っているから油断はできないのである。

日常はあまりになんでもない顔をしてそこにいるので、ともすると指のあいだをするりするり泳いで抜けていく。買えない味は、だから、流れてゆく日々に穿たれた楔《くさび》のようなものかもしれない。

本書は、食の雑誌『ｄａｎｃｙｕ』（プレジデント社）で二〇〇二年一月にスタートした連載エッセイ「台所の時間」を新しく編んだ一冊である。連載開始当初の担当編集者は元編集長・神田久幸さん、そして四回目以降から連載続行中の現在にいたるまで足掛け五年に渡って担当してくださっている編集部・渡辺菜々緒さんの力なくしては生まれなかった。ちなみに各編の副題はすべて掲載時のまま、おふたりの手による。また、いっけんさりげなく見せながら、どきりと五官を揺らす写真は日置武晴さん。『ｄａｎｃｙｕ』誌面で、毎月ごと季節感豊かな情緒を添えてくださっているのは吉富貴子さんの画である。

五十編を一冊にまとめるにあたって「筑摩書房」鶴見智佳子さんのお世話になった。また有山達也さんが手がけてくださった造本、飯塚文子さんのレイアウトが『買えない味』としての新たな息吹を与えてくださった。みなさま、ありがとうございました。

桜が満開の昼下がりに

著者

解説

平松さんはかっこいい

中島京子

平松洋子さんに、お会いしたことがある。まだ小説家になる前のことで、インテリアや雑貨の雑誌でライターをしていた私は、何度か取材でお家を訪問する機会があったのだ。

本書にも登場する豆皿の数々はたしか、銀色の四角い大きな漆器に納められていて、蓋を開けるとき平松さんは、宝箱の中身を見せるような、とてもうれしそうな顔をした。黒い水屋簞笥の置かれたきもちのいいリビングの天井の照明は、やわらかい光を演出する和紙のシェードがかかっていて、お湯呑み茶碗を手にした平松さんが、ふとそれを見上げて、

「この和紙も、いい色になってきた」

と、つぶやいたのも覚えている。（ところで本書199ページには、平松さんのお宅の天井に照明はなく、日々はろうそく生活だと記されているから、和紙で包まれた照明自体も、いまやもう存在しないのかもしれない。）

私もつられて上を見て、ついでに我が家の食卓の殺風景な蛍光灯を思い出し、日々の営みをもう少し豊かで味わい深いものにしよう、それは何に何を盛るかとか、部屋の中の光のやわらかさに敏感になるとか、そんなささいなことから始まるのだからと、深く感銘を受けて帰ったものだった。

ついでに告白すると、帰ってただちに私は東急ハンズに和紙を買いに走り、当時暮していた安普請マンションの天井に張り付いていた、うら哀しさを感じさせる蛍光灯にカバーをかけてみようとすらしたのである。

しかし、終始上向きの作業ですっかり疲れた首と腕をぐるぐる回しながら脚立から降りて部屋全体を眺めてみると、殺風景なのは照明器具ばかりではなかったのであった。残念ながら我が家は、殺風景とうら哀しさに隅々まで覆い尽くされており、一箇所、和紙のカバーをかけても、それは「やわらかい光」というよりは「うす暗い光」を演出してしまうだけで、全体のみすぼらしさをかえって強調すると、学ぶ結果になった。

あれから十年。牛歩ではあるけれども私の住環境も変化と成長を遂げつつある。千里の道も一歩からだ。平松洋子さんの細やかな気持ちが行き届いた暮らしからは、ほど遠いけれども、自分なりに心地いい空間を作り、おいしいものを好きな器に盛って食べる生活は、やはりとっても幸せである。

平松さんのエッセイの魅力、あるいは暮らしぶりそのもののかっこよさは、繊細さと大胆さ、優雅さと野蛮さが、軽やかに同居するところにある。そこに緩急が生じ、一陣の風が巻き起こり、読者を魅了する。

いくつかの文章を読んでいると、四季を味わうことに長けた日本人らしい、優雅で繊細な折り目正しさに出会う。

たとえば、いただきもののツワブキの葉で、葉蓋を作る話がある。もちろん夏の話。「私は葉蓋ひとつのためにお客を招んで、冷たいじゃがいものスープをつくりました。」

そして冬の朝、起きたらすぐにやるのは、「鉄瓶を火にかけ、前夜汲み置いておいた湯を沸かし直す。」ことだ。前夜に汲んで、沸かして冷まし、翌朝また火にかける。「鉄瓶」の項でも描かれる、おいしいお湯への手間ひま。大事なものを味わうための繊細で丁寧な姿勢が、しみじみ心に沁みてくる。

ところが一方で平松さんときたら、大好きな食のためならば大胆に、あるいは粗野とすら思われる振る舞いにも及ぶのである。

たとえば「指」で描かれる感触。「かぶりつく前、いっとう最初に指先がたっぷりと味わっている。」と書く平松さんは、つまみ食いの愉楽をも指摘する。そして別の箇所では、「むっちり太って艶光りする秋なすの漬物に誘われ、思わずへたまでがぶり。」と、齧りついてしまう。果ては、「熟れる、腐る」の項において、脳天を突くアンモニア臭に昏倒しそうになりながらも、涙を流して食べずにはいられない、自らの臭い物好きを不敵に告白してしまうのである。

そうして私は思い出す。まだいまほどエスニックフードや雑貨が、私たちの生活に浸透してくる以前、ベトナムだのタイだのモンゴルだの韓国だの、アジア諸国にフットワーク軽く出かけていき、好奇心旺盛に現地の人と交わり、その土地のものを食べて、その人々が使うものを使って、旨さに痺れ、使い勝手の良さに興奮し、意気揚々と帰国しては、私たちの目の前にその収穫をひろげてみせてくれた平松洋子さんが、いかにかっこよかったか。平松さんは、行動の人なのだ。

『買えない味』に収められたエッセイは、日々の暮らしに根ざしている。でも同時に、ふわっと風に乗せてモンゴルの遊牧民のゲルに連れて行ってくれるし、『山家集』の歌の世界にも遊ばせてくれる。この自在で豪放で、しかも優雅な身の軽さが、平松さんの筆の魅力の本質だと私は思う。そして、ともすると自慢か説教を聞かされる気持ちになる生活まわりの随筆(誰が書いているとは言わないが)とは、あきらかに一線を画す肝なのである。

そうなのだ。平松さんは、かっこいい。美人で背が高くて読書家でセンスがよくて料理上手でしかも水泳の名手で酒豪だ。その上お母さんでもある。スーパーウーマンだ。実は私の大学の先輩でもある。そこのところが、私としてはちょっと自慢なのである。

そして私はこの2006年度ドゥマゴ賞受賞作（プレゼンターは山田詠美女史）『買

えない味』を読み返し、再びこのかっこいい先輩の驥尾に付したい気持ちに駆られる。

あれこれいろいろ試してみたいが、とりあえずやってみたのは、「冷やごはん」を食べることであった。

旨い！　いや、たしかにイケる、冷やごはん。忘れてた、この味。炊きたてとはまた別の旨味がある。しかも、まあとりあえず、残りごはんがあれば、実感できるところがいい。

千里の道も一歩からである。

本書は二〇〇六年五月、弊社より刊行された。

ちくま文庫

買《か》えない味《あじ》

二〇一〇年十二月十日　第一刷発行
二〇二四年　九　月五日　第十刷発行

著　者　平松洋子（ひらまつ・ようこ）
発行者　増田健史
発行所　株式会社　筑摩書房
東京都台東区蔵前二―五―三　〒一一一―八七五五
電話番号　〇三―五六八七―二六〇一（代表）
装幀者　安野光雅
印刷所　株式会社精興社
製本所　株式会社積信堂

ISBN978-4-480-42783-0　C0195